Auf den Kirchhof wollt ich gehn

Ein Lesespaziergang über Friedhöfe

HERAUSGEGEBEN
VON IRIS SCHÜRMANN-MOCK

GERSTENBERG

Niemand geht unbelohnt über Friedhofserde; diese Schollen kühlen die Leidenschaften und erwärmen die Herzen, und nicht allein des Todes Frieden steht auf den Blumenhügeln geschrieben, sondern auch des Lebens Wert.

PETER ROSEGGER

FLOS IPSA IULIA SICUT
FLORES PERIIT

VORBEMERKUNG

Die meisten Menschen besuchen mindestens einmal im Jahr einen Friedhof. Nicht wenige kommen immer wieder, nicht nur, um die Gräber ihrer Lieben zu pflegen, sondern auch, weil sie sich an diesem Ort wohlfühlen. Hier findet jeder, was er sucht: Der Gartenliebhaber bewundert die Anlage, historisch Interessierte machen auf verwitterten Grabsteinen Entdeckungen, manch einem kommen alte Traditionen oder Sagen in den Sinn. Niemals aber wird man diesen Ort ganz verstehen, ohne die starken Gefühle zu spüren, die hier beheimatet sind. Deshalb soll auch dieser »Lesespaziergang« mit seinen Texten und Bildern der Spur der Gefühle folgen. Hinter der Eingangspforte liegt eine eigene Welt, eine Welt tiefer Ruhe. Wer sich darauf einlässt, kann sich für die Trauer öffnen, kann hoffen und Abschied nehmen und sich wieder dem Leben zuwenden, das in vielerlei Gestalt zwischen den Grabsteinen zu finden ist.

Efeu quillt aus schwerer Erde, alte Bäume spenden Schatten, in ihren Zweigen singen Vögel, so wie sie es schon immer getan haben. Doch ist der Friedhof kein Ort, der aus der Zeit gefallen ist. In den vielen Jahrhunderten seiner Geschichte hat er zahlreiche Wandlungen erlebt, und gerade in den letzten Jahren sind Veränderungen spürbar. Immer mehr löst sich das vertraute Bild auf, treten Urnenwände ins Bild, bleiben Flächen leer, weil Menschen neue, individuelle Bestattungsformen außerhalb der Friedhofsmauern wählen. Die Verwalter der Friedhöfe tragen dem Rechnung und ermöglichen mehr und mehr Bestattungen unter Bäumen oder öffnen die Anlagen als Erholungsstätten oder für kulturelle Veranstaltungen.

Der Ort wandelt sich, die Gefühle bleiben gleich. Wer einen Spaziergang über einen Friedhof macht, sich auf eine Bank setzt, die Atmosphäre auf sich wirken lässt, der spürt sie nach wie vor: Trauer und Erinnerung, Angst und Frieden, Einsamkeit und Berührung. Vor allem aber spürt er diese ganz besondere Stille, die selbst durch die Hektik der heutigen Zeit nicht gestört werden kann.

IRIS SCHÜRMANN-MOCK

1. KAPITEL

Du fändest Ruhe dort

WO?

Wo wird einst des Wandermüden
Letzte Ruhestätte sein?
Unter Palmen in dem Süden?
Unter Linden an dem Rhein?

Werd ich wo in einer Wüste
Eingescharrt von fremder Hand?
Oder ruh ich an der Küste
Eines Meeres in dem Sand?

Immerhin! Mich wird umgeben
Gotteshimmel, dort wie hier,
Und als Totenlampen schweben
Nachts die Sterne über mir.

HEINRICH HEINE

UNTEN *Schlichte Kreuze auf unebenem Rasen – so wie auf dem Ölgemälde* Ein Friedhof im Salzkammergut *von Franz Xaver Reinhold wurden die Menschen früher begraben.*

DER WEG ZUM KIRCHHOF

Der Weg zum Kirchhof hinter dem Pfarrhaus zwischen den Haselhecken hin, wie bekannt und fremd war ihm alles! Das kleine Pförtchen in der Mauer stand offen; er trat in den stille grünenden Raum, der mit seinen ländlichen Gräbern und Kreuzen die bescheidene Kirche umgab. Begierig und schüchtern sucht er die Gestalt Agnesens; hinter jedem Baum und Busch glaubt er sie zu erspähen; umsonst; seine Ungeduld wächst mit jedem Atemzug; ermüdet setzt er sich auf eine hölzerne Bank unter den breiten Nussbaum und überschaut den friedsamen Platz. Die Turmuhr lässt ihren festen Perpendikeltakt vernehmen, einsame Bienen summen um die jungen Kräuter, die Turteltaube gurret hie und da, und, wie es immer keinen unerfreulichen Eindruck macht, wenn sich unmittelbar an die traurigen Bilder des Todes und der Zerstörung die heitere Vorstellung eines tätig regsamen Lebens anknüpft, so war es auch hier wohltuend für den Beschauer, mitten auf dem Felde der Verwesung einzelne Spuren des alltäglichen lebendigen Daseins anzutreffen. Dort hatte der benachbarte Tischler ein paar frisch aufgefärbte Bretter an einen verwitterten Grabstein zum Trocknen angelehnt, weiter oben blähten sich ein paar Streifen Leinwand in der lustigen Frühlingsluft auf dem Grasboden, und von ganz eigener Rührung musste Theobald ergriffen werden, wenn er dachte, welche Hände dieses Garn gesponnen und sorglich es hieher getragen, wie manche Stunde des langen Tages und der langen Nacht das treuste der Mädchen unter wechselnden Gedanken an den Entfernten, in hoffnungsreichem Fleiße, mit dieser Arbeit hingebracht, während er, in übereiltem Wahne, mit sündiger Glut eine fremde Neigung pflegte.

EDUARD MÖRIKE

OBEN *Mitten in Hannover liegt der Gartenfriedhof. Hier ist das Grab einer literarischen Berühmtheit: Charlotte Buff, verheiratete Kestner, Vorbild für Goethes Lotte in* Die Leiden des jungen Werther.

STECKBRIEF FRIEDHOF

Alter: 1600 Jahre
Anzahl: etwa 32 000
Fläche: 352 Quadratkilometer (Deutschland gesamt: 357 000 Quadratkilometer)
Trägerschaft: zwei Drittel kommunal, ein Drittel kirchlich
Bestattungsart: 55 Prozent Feuerbestattungen, 45 Prozent Erdbestattungen
Anmerkung: Die Angaben beziehen sich auf Deutschland.

DER KIRCHHOF

Du stiller Ort, der grünt mit jungem Grase,
Da liegen Mann und Frau, und Kreuze stehn,
Wohin hinaus geleitet Freunde gehn,
Wo Fenster sind glänzend mit hellem Glase.

Wenn glänzt an dir des Himmels hohe Leuchte
Des Mittags, wann der Frühling dort oft weilt,
Wenn geistige Wolke dort, die graue, feuchte,
Wenn sanft der Tag vorbei mit Schönheit eilt!

Wie still ists nicht an jener grauen Mauer,
Wo drüberher ein Baum mit Früchten hängt;
Mit schwarzen tauigen, und Laub voll Trauer,
Die Früchte aber sind sehr schön gedrängt.

Dort in der Kirch ist eine dunkle Stille,
Und der Altar ist auch in dieser Nacht geringe,
Noch sind darin einige schöne Dinge,
Im Sommer aber singt auf Feldern manche Grille.

Wenn einer dort Reden des Pfarrherrn hört,
Indes die Schar der Freunde steht daneben,
Die mit dem Toten sind, welch eignes Leben
Und welcher Geist, und fromm sein ungestört.

FRIEDRICH HÖLDERLIN

DIE SCHÖNE SCHWARZE ERDE UNSERES KIRCHHOFES

Der kleine Gottesacker, welcher sich rings an die trotz ihres Alters immer weiß geputzte Kirche legt und niemals erweitert worden ist, besteht in seiner Erde buchstäblich aus den aufgelösten Gebeinen der vorübergegangenen Geschlechter; es ist unmöglich, dass bis zur Tiefe von zehn Fuß ein Körnlein sei, welches nicht seine Wanderung durch den menschlichen Organismus gemacht und einst die übrige Erde mit umgraben geholfen hat. Doch ich übertreibe und vergesse die vier Tannenbretter, welche jedes Mal mit in die Erde kommen und den ebenso alten Riesengeschlechtern auf den grünen Bergen rings entstammen; ich vergesse ferner die derbe ehrliche Leinwand der Grabhemden, welche auf diesen Fluren wuchs, gesponnen und gebleicht wurde, und also so gut zur Familie gehört wie jene Tannenbretter und nicht hindert, dass die Erde unseres Kirchhofes so schön kühl und schwarz sei als irgendeine. Es wächst auch das grünste Gras darauf, und die Rosen nebst dem Jasmin wuchern in göttlicher Unordnung und Überfülle, so dass nicht einzelne Stäudlein auf ein frisches Grab gesetzt, sondern das Grab muss in den Blumenwald hineingehauen werden, und nur der Totengräber kennt genau die Grenze in diesem Wirrsal, wo das frisch umzugrabende Gebiet anfängt.

GOTTFRIED KELLER

UNTEN *Lebensnah einfach und dadurch berührend zeichnete der Genfer Édouard Vallet die Menschen seiner späteren Wahlheimat: Bäuerinnen auf einem Walliser Kirchhof.*

ELEGIE AUF EINEN KIRCHHOF

Kirchhof, werter mir als Goldpaläste,
Werter einem jeden Menschenfreund,
Birgest manches Edlen Überreste
Aber auch wohl manchen Tugendfeind.

Trink die Tränen, welche meinen Lieben
Die hier ungestöret ruhn, geweint;
Stunden sagt, wo seid ihr denn geblieben,
Die ihr uns als Jünglinge vereint.

Sprosset auf zu dunklen Trauermyrten
Tränen, die die Liebe hier vergoss
Grünt, um meine welke Stirn zu gürten,
Meine Laute, der nur Schmerz entfloss.

Kirchhof, Freund der trüben Knabentage
Die mir schwanden tränenvoll dahin
Hörtest du nicht oft auch meine Klage,
Wenn mich eine Freundin musste fliehn?

NOVALIS

Sein erster Name ist in Vergessenheit geraten: Im Mittelalter hießen Friedhöfe Coemeterium, das heißt Schlaf- oder Ruhestätte.

Friedhof
So werden Begräbnisstätten heute oft bezeichnet. Der Name hat ursprünglich nichts mit Frieden zu tun. Er leitet sich vom althochdeutschen *frithof* ab, was so viel bedeutet wie »umfriedeter Ort«.

Gottesacker
Als Ursprung dieses Namens gilt ein Bibelwort: »Es wird gesät verweslich und wird auferstehen unverweslich«, heißt es im Ersten Korintherbrief. Zwar wurde der Begriff manchmal auch als Synonym für Kirchhof verwendet. Doch bezeichnet man mit Gottesacker meist einen Begräbnisort, der nicht direkt bei einer Kirche liegt, also vor allem einen protestantischen Friedhof. Vom Gottesacker ist häufig bei Martin Luther die Rede, der ihn sich als einen Ort der Ruhe für die Toten und der Besinnung für die Lebenden wünschte.

OBEN *Als Sensenmann oder Schnitter wird der Tod seit dem Mittelalter bezeichnet.*

Kirchhof
Im Mittelalter wurden die Toten rund um die Kirche bestattet. Man wollte möglichst nah bei den Reliquien liegen, um so an deren segensreichem Wirken Anteil zu haben. Weil jedoch die Strahlkraft der Reliquien begrenzt war, konnten die Kirchhöfe nicht endlos ausgedehnt werden. Daher wurden die Gräber nach wenigen Jahren neu belegt. Die älteren Knochen und Schädel kamen ins Beinhaus (auch Karner genannt). Im öffentlichen Bereich der Kirchhöfe, dem Atrium, ging es lebhaft zu: Die Kirchenbesucher gingen ein und aus, es wurde Handel getrieben und Theater gespielt. Auf der Wiese weidete das Vieh von Pfarrer, Mesner oder Totengräber. Auf dem Coemeterium lagen die Toten meist in

Massengräbern, die nicht geschmückt oder gekennzeichnet waren. Wie auch Kirchen und Klöster gewährte der Kirchhof Asyl: Wer sich hierher flüchtete, konnte nicht belangt werden.

Weitere Namen
Begräbnisstätte, Gräberfeld, Gruft, Leichenacker, Leichhof, Leichlege, Ort der Ruhe, Rosengarten, Totenacker, Totengarten

Es ist kein Trost dabei, lange zu leben. Man wandelt zuletzt gleichsam auf einem Gottesacker.

JOHANN PETER HEBEL

DER ROSENGARTEN

Das Brunnental ist still und windgeschützt, aber in seinem Rücken liegt eine stillere Stelle – der Friedhof. Es ist ein kleiner, von einer niedrigen Steinmauer eingefasster, mitten im Wald gelegener Begräbnisort, so recht ein Platz, wo

– jeder eitle Kummer,
Dir wie ein Traum zerfließt,
Und dich der letzte Schlummer
Im Bienenton begrüßt, –

ein Platz, der uns mit dem Gedanken des Scheidens versöhnt und uns im Tiefsten empfinden lässt:

Die Ruh' ist wohl das beste
Von all dem Glück der Welt.

Die Tür, einladend, steht immer offen, die Waldblumen blühen draußen und drinnen, und die Buchen legen von außen her ihre grüne Hand auf die Gräber, als wollten sie den Schlummer derer, die drunten ruhn, noch ruhiger machen.

Es ist dies die Begräbnisstätte nicht für Freienwalde selbst, sondern für die, die als Gäste kamen, um Genesung zu suchen und sie schließlich an dieser Stelle zu finden.

Dieser Friedhof heißt der Rosengarten.

Er heißt so, nicht aus Laune oder Einfall, vielmehr führte der ganze Fleck Landes diesen Namen, lange bevor der erste Gast in diesen Garten einzog. Es hat das folgenden Zusammenhang. Die weiten Waldreviere, die Freienwalde nach Westen hin umgeben und alle Talschluchten mit Laubholz füllen, waren in alten Zeiten schon mit weiß und rot und gelb blühenden Wildrosen dicht überwuchert, und wer um die Johanniszeit durch diese Schluchten hinschritt, dem war es, als flögen bunte Schmetterlinge vor ihm her. Die Stelle aber, wo die Rosensträucher am dichtesten standen und einen kleinen Wald im Walde bildeten, diese Stelle lag im Rücken des Brunnentals und hieß der »Rosengarten«. Die Sträucher verschwanden allmählich, das erste Grab erhob sich, andere folgten, die Steinmauer wurde gezogen – aber der Name blieb, und von den Gestorbenen heißt es sinnig und ungezwungen: »Sie schlafen im Rosengarten.«

THEODOR FONTANE

UNTEN Friedhofsmauer in Weimar *heißt das Bild, das Christian Rohlfs in seiner impressionistischen Phase schuf. Üppiger Blumenschmuck und leuchtende Farben sind typisch für sein Werk.*

AM FRIEDHOF

Morsch Gestein ragt schwül erwärmt.
Gelbe Weihrauchdünste schweben.
Bienen summen wirr verschwärmt
Und die Blumengitter beben.

Langsam regt sich dort ein Zug
An den sonnenstillen Mauern,
Schwindet flimmernd, wie ein Trug –
Totenlieder tief verschauern.

Lange lauscht es nach im Grün,
Lässt die Büsche heller scheinen;
Braune Mückenschwärme sprühn
Über alten Totensteinen.

GEORG TRAKL

AUF DEM KIRCHHOF

Dort ruhen sie unter den bunten Hügeln.
Unsere Augen sehen sie nimmer erwachen.
Auf der Mauer hockt mit gebrochenen Flügeln
Das Lachen.
Fern in den Wolken verhallt die Klage.
Bittere Tränen trocknet der Wind,
Und aus Kränzen stiehlt sich die zitternde Frage:
Wohin sie gegangen sind.

JOACHIM RINGELNATZ

SPRICHWÖRTER UND REDENSARTEN

Dem Toten erst die Beine kalt werden lassen:
Sich pietätvoll verhalten, bevor man das Erbe aufteilt.

Der Mist und ein Toter müssen nach drei Tagen in die Erde:
An Notwendigkeiten kommt man nicht vorbei.

Sich selbst ein Grab schaufeln:
Den eigenen Untergang herbeiführen.

Wer anderen eine Grube gräbt, fällt selbst hinein:
Wer anderen schaden will, schadet sich selbst.
(Das Wort Grube wurde früher gleichbedeutend mit Grab benutzt.)

Er würde sich im Grab umdrehen, wenn er das wüsste:
Das würde dem Verstorbenen widerstreben.

Da liegt der Hund begraben:
Das ist der Kern, die Ursache des Übels.

Auf dem Friedhof treffen sich alle Wege:
Jeder Mensch muss sterben.

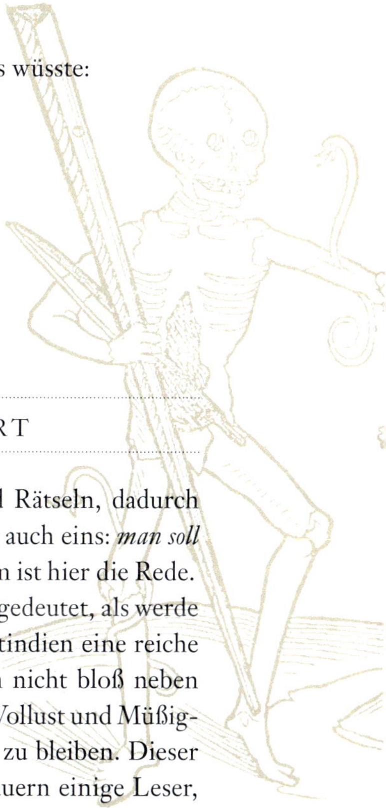

ÜBER EIN SPRICHWORT

Unter andern tiefsinnigen Sprichwörtern und Rätseln, dadurch die Alten unterrichten und bessern wollten, ist auch eins: *man soll auf einem Grabe nicht schlafen!* und eben von dem ist hier die Rede.

Einige Vorgänger haben das Sprichwort so gedeutet, als werde darin den Leuten, die von einem Vetter in Ostindien eine reiche Erbschaft getan haben, der Rat gegeben: sich nicht bloß neben dem gesammelten Honig hinzusetzen und in Wollust und Müßiggang zu verrosten, sondern nützlich und tätig zu bleiben. Dieser Rat ist allerdings sehr gut, und vielleicht bedauern einige Leser, dass sie nicht in dem Fall sind, von einem so guten Rat Gebrauch zu machen. Übrigens gehen doch aber bei dieser Auslegung des Sprichworts alle, die keinen Vetter in Ostindien haben, leer aus, und warum sollen die leer ausgehen? Wir wollen lieber einige Auslegungen versuchen, dabei niemand leer ausgehen darf und dazu man nur braucht, was ein jeder Mensch hat, wie folget:

a) Es sind freilich viele Gräber, um die sich niemand rote Augen weint; aber manchmal wird doch auch einer begraben, der einem andern nahe abgeht. Dieser andre denkt mit nassen Augen an den Begrabenen und sein *Grab* ist ihm ein *Heiligtum*. Du wärest wohl grausam, wenn du es entweihen und dich zum Schlafen darauf ausstrecken könntest! – und du sollst nicht grausam sein.

b) Wenn der Mensch im Grabe liegt und der Grabhügel ihm errichtet ist; so ist sein Los entschieden. Alea iacta est. Wir, die wir vorübergehen, können freilich dies Los nicht ändern, sondern bei dem, was geworfen ist, bleibt's. Es wäre aber doch zu hölzern, wenn sich einer auf den Würfeln wollte schlafen legen.

c) Die Verwesung ist und bleibt immer eine sehr nachdenkliche und ernsthafte Sache. Gewisslich geht kein Engel gleichgültig einen Grabhügel vorbei! und der ist doch eigentlich über die Grabhügel weg und hat für seine Person dabei nichts zu gewinnen noch zu verlieren. Der Mensch ist noch nicht so ganz darüber weg und hat noch allerlei dabei zu bedenken, daran ihm gelegen ist. Muss denn so ein alter guter Vater, der den Leichtsinn der Menschen kennt, muss denn der nicht das Gesetz machen: dass man auf einem Grabe nicht schlafen soll?

MATTHIAS CLAUDIUS

LUXURIÖSE GRABMÄLER

Einen Beweis für ländliche Wohlhabenheit bietet der Kirchhof, und zwar in der Regel mehr als die Erscheinung der Dörfer selbst. Die neue Scheune kann gebaut worden sein, weil es nötig war oder die alte niederbrannte, das Kirchhofsdenkmal aber ist recht eigentlich ein Gegenstand des Luxus. Die Menschen müssen sehr pietätvoll, sehr eitel oder aber sehr wohlhabend sein, wenn sie mit dem geliebten Toten einen Teil ihres Besitzes teilen sollen.

THEODOR FONTANE

AUF DEM KIRCHHOF

Wie scheint die Sonne lind und hell
Und gießt die Fülle Lebens aus!
Wie tönt das Totenglöcklein schnell,
Unheimlich schnell, im Leichenhaus.

Dem Spielkind, das die Glocke hört,
Ist's Klang, Musik, wie andre auch;
Mich, den der heis're Grabruf stört,
Beschwichtigt gleich ein Frühlingshauch.

FRIEDRICH HEBBEL

OBEN *Hildegunde, die nach dem vermeintlichen Tod ihres Geliebten Roland ins Kloster gegangen war, läutet die Totenglocke. Noch heute wird mit diesem alten Brauch kundgetan, dass ein Mitglied der Gemeinschaft gestorben ist.*

DER ALTE KIRCHHOF

Das ist die Stadt der Toten, wo sie wohnen
In schmalen Straßen, Gruft an Gruft gebaut,
Ein grüner Teppich breitet sich darüber
Von Grab zu Grab. Von Jahr zu Jahr umspinnt
Der Efeu dichter die versunknen Gräber,
Verfallne Totenhäuser, dunkle Bäume
Die aus den morschen Grabgewölben wuchsen.
Das Samenkorn, das sie dem Toten fromm
In seine Hände gaben, wuchs vom heilgen
Schoße der Erde auf, ein hoher Baum,
In seiner Wipfel Flüstern redet noch
Der Toten Mund wortlos und doch beredt,
Der Kinder Klagelauten gleich, der schon
Verstummte vor geraumer Zeit. Und manchmal

Wenn Sonnenstrahlen durch der Bäume Schatten
Die dunklen Totensäulen schön vergolden,
Dann leuchten auf dem dunklen Stein die ernsten
Schriften des Tods. Die goldnen Schmetterlinge,
Die fromme Einfalt bildete, sie scheinen
Die zarten Flügel glänzend zu entfalten,
Erlöst vom Licht, aus dunklem Grab erlöst.

GEORG HEYM

ARBEITSPLATZ FRIEDHOF – FRÜHER UND HEUTE

Leichenbitter

Der Leichenbitter hat nur im Begriff Leichenbittermiene überlebt. Seine wichtigste Aufgabe bestand darin, von Tür zu Tür zu gehen, den Tod einer Person bekanntzugeben und zur »Leiche« – also zur Beerdigung und zum Leichenschmaus – zu bitten. In manchen Gegenden übernahmen Leichenbitter auch weitgehend die Organisation der Bestattung. Häufig war es ihnen untersagt, an die Tür zu klopfen. Es hätte die Gefahr bestanden, dass jemand »Herein« gerufen und damit den Tod eingelassen hätte. Stattdessen trug der Leichenbitter eine Rute bei sich und schlug damit an die Tür.

UNTEN *Mit seinem Bild* Sargmacherlehrling *setzte Franz Skarbina einem alten Handwerksberuf, der heute fast ausgestorben ist, ein Denkmal. Der Maler hatte eine ausgeprägte Vorliebe für realistische Sujets.*

Seelnonne

Umfangreich waren die Aufgaben der Frauen, die je nach Region Seelnonne, Leichenfrau oder auch Einmacherin genannt wurden, etwa die Pflege schwer Kranker und die Versorgung der Leiche, die Bekanntmachung des Todesfalls und die Organisation der Bestattung. Bis ins 18. Jahrhundert hinein lebten sie nach der Tradition der Beginen gemeinsam in sogenannten Seelhäusern. Im Laufe der Zeit wurden die Dienste der Frauen immer professioneller, so dass sie als Vorläuferinnen der Bestatter angesehen werden

RECHTS *Seelnonnen erregten manchmal Ärger, weil sie sich Kindersärge wie auf der Zeichnung von W. Grögler unter den Arm klemmten und sie durch die ganze Stadt zum Friedhof trugen.*

können, und zwar in jeder Hinsicht: Auch ihnen wurde gern vorgeworfen, dass sie durch überhöhte Preise die Hinterbliebenen übervorteilten.

Bestatter

Wer heute Hilfe bei einer Beerdigung braucht, der ruft in den meisten Fällen einen Bestatter. Der regelt alles, von der Einsargung bis zum Ablauf des Begräbnisses, vom Drucken der Karten bis zum Blumenschmuck. Den Beruf des Bestatters gibt es in seiner heutigen Form seit gut hundert Jahren. Er hat viele Aufgaben übernommen, die früher von der Familie oder den Nachbarn erledigt wurden.

Totengräber

Einer der ältesten Friedhofsberufe ist der des Totengräbers. Seit dem 15. Jahrhundert heben Totengräber im Dienst von Städten und Gemeinden die Gruben aus. Und das hieß: schwere Arbeit, mageres Einkommen und ein geringes Ansehen. Nicht immer zu Unrecht hatten die Totengräber einen schlechten Ruf, weil sie vielfach betrunken zur Arbeit kamen und die Gruben nicht tief genug aushoben.

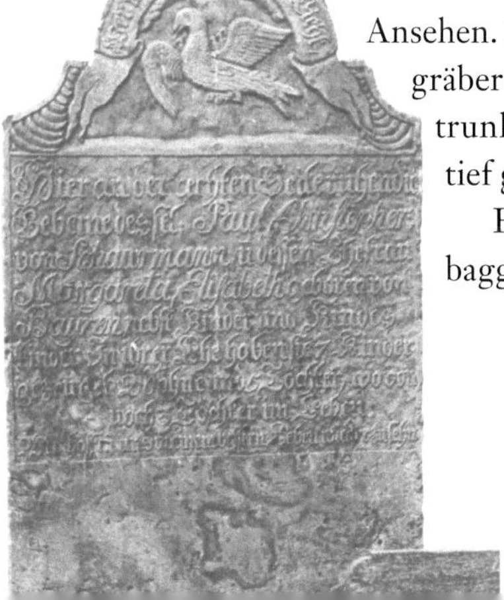

Heute ist die Arbeit leichter geworden. Minibagger ersetzen oder ergänzen die traditionellen

Werkzeuge Haue (oder Pickel), Grabscheit und Axt. Zwar werden Totengräber nicht mehr ausgegrenzt, doch noch immer weicht manch einer zurück, wenn er einem Angehörigen dieses Berufs begegnet. Früher galt es als böses Vorzeichen, wenn man am Neujahrstag als Erstes einen Totengräber traf.

Steinmetzen

Das Handwerk der Steinmetzen ist eines der ältesten der Welt. Die Pyramiden von Giseh, die Akropolis in Athen – sie wären nicht ohne das Können der Steinmetzen entstanden. Seit es Grabmäler aus Naturstein gibt, gehört auch ihre Herstellung und Beschriftung zu den Aufgaben dieser Handwerker, doch erst durch die allgemeine Verbreitung von Grabmälern im 19. Jahrhundert entstand der Berufszweig des Grabmalsteinmetzen. Wie die Friedhofsgärtner sehen sich die Steinmetzen in jüngster Zeit vor neue Herausforderungen gestellt durch den Trend zu Baumbestattungen oder anonymen Grabfeldern.

Friedhofsgärtner
Mitte des 19. Jahrhunderts wurde damit begonnen, die Friedhöfe zu begrünen. Dazu trug auch die zunehmende Verbreitung der Einzel- und Familiengräber statt der vorher üblichen Massengräber bei. Fünfzig Jahre später begannen Gärtner, sich auf den neuen Arbeitsbereich zu spezialisieren, und siedelten ihre Betriebe in der Nähe von Friedhöfen an. Nach Angabe des Zentralverbands Gartenbau gab es im Jahr 2011 in Deutschland 2200 Friedhofsgärtnereien, dazu rund siebentausend Gärtnereibetriebe, die u. a. in der Friedhofsgärtnerei tätig sind. Über fünfzigtausend Menschen sind in der Branche beschäftigt.

DER LEICHENBITTER

Wenn ein Individuum aus der minder wohlhabenden Bürgerklasse, das Glied einer Handwerker- oder Krämerfamilie, vom Tode hingerafft worden, so ist der erste Gang seiner Angehörigen zum Leichenkommissarius, der zweite zum Leichenbitter.

Der Letztere findet sich ungesäumt im Totenhause ein; er weiß, dass ihn darin der Anblick des Todes, Tränen, Schmerz und Klage erwarten, er weiß aber auch, dass er – althergebrachter Sitte gemäß – ein Butterbrot mit Schinken oder Schlackwurst belegt und ein Glas Branntwein darin findet. Es ist seines Amtes, zu trösten, und er tröstet nach besten Kräften. (…)

In dem Trauerhause hat er die Liste der zur Bestattung des Verstorbenen einzuladenden Personen empfangen, und er beginnt seine Runde. Zuvörderst begibt er sich zu denen, die er für wohlhabend genug hält, ihm ein kleines Douceur zufließen zu lassen. Wenn es nur irgend tunlich, sucht er seinen Besuch so einzurichten, dass er die ganze Familie beisammen trifft, und wählt, um den Effekt zu erhöhen, gewöhnlich die Zeit des Mittagessens. Die Wirkung seines Erscheinens ist in der Tat schlagend. Der Meister legt den Löffel nieder, die Meisterin faltet die Hände, die Kinder flüchten zu ihrer Mutter, schmiegen sich an sie und werfen scheue und furchtsame Blicke auf den »schwarzen Mann«, der Gesell wagt es nicht, den Bissen, der schon an der Schwelle der Vernichtung stand, seiner Bestimmung entgegenzuführen, und durch die halbgeöffnete, zur Flur führende Tür stecken die Nachbarinnen die Köpfe und lauschen ängstlich und atemlos der Rede des

LINKS *Mehr als zweihundert Handwerks- und Dienstleistungsarten stellte der Kupferstecher Christoph Weigel d. Ä. in seinem 1698 erschienenen Buch* Abbildung und Beschreibung der gemeinnützlichen Hauptstände *vor. Zu diesen Porträts in Text und Bild gehört auch der Leichenbitter, dessen Beruf bis ins 19. Jahrhundert hinein ein öffentliches Amt war.*

OBEN *Auch Frauen konnten als Leichenbitter arbeiten. Diese wurden je nach Region auch Leichensager, Leichenlader, Leichenbesorger oder Totenbitter genannt.*

Grabesboten; nur der Lehrbursche macht ein mokantes Gesicht und benutzt die feierliche Stimmung, sein Brot unbemerkt in die Sauce von seines Nachbars, des Gesellen, Teller zu tunken. Könntet ihr doch jetzt den Leichenbitter sehen, den Leichenbitter in seiner Glorie! Das Schicksal, wenn es personifiziert in den Tragödien der Alten auftrat, es konnte sich unmöglich ergreifender, fürchterlicher produzieren. Pluto selbst würde sich vor ihm entsetzen und der Zerberus heulend davonlaufen. Er ist ohne einleitenden Gruß eingetreten, hat seinen dreieckigen Hut auf den Magen gelegt, die Hände darüber gefaltet, und da ihm in diesem Moment die Leichdornen infolge einer bevorstehenden Witterungsveränderung zu schmerzen beginnen, hat sein Gesicht den Ausdruck wahren und unerkünstelten Schmerzes angenommen; sodann beginnt er, während sein eines Auge an der Decke haftet und das andere sich mir der auf dem Tische befindlichen Schüssel mit sauren Aalen, zufällig des Leichenbitters Lieblingsspeise, in Korrespondenz zu setzen versucht, mit hohlem, dumpfem Grabeston seinen Sermon:

»Es hat dem Herrn gefallen, den Bürger und Sporenmachermeister Anton Jottlieb Ludewig Wackelmann, seit 22 Jahren Bezirksvorsteher und Altmeister der hochachtbaren und hochlöblichen Zunft der Sporenmacher allhier, von dieses Leben abzurufen. Die betrüpfte Witwe, die anjitzo vergeblich einen Tröster sucht, beabsichtigt, ihren an Altersschwäche hinübergeschlummerten Herrn und Ehgemahl, den Bürger und Sporenmachermeister, Bezirksvorsteher, auch Altmeister der hochlöblichen Sporenmacherzunft Anton Jottlieb Ludewig Wackelmann, seligen, übermorgen früh, neun Uhr, zur ewigen Ruhe gelangen zu lassen, und ladet Ihnen ein, ein Zeuge dieser feuerlichen Handlung zu sein. Amen!«

Hat der Leichenbitter seine Rede beendet, so verharrt er, in Erwartung einer Trostesspende, noch einige Augenblicke in seiner de- und wehmütigen Stellung. Wenn er die Familie zu seinem eigenen Leichenbegängnisse einzuladen hätte, er könnte unmöglich trauriger ausschauen: er scheint ganz übermannt vom Schmerz, und nicht eher kehrt er zum Bewusstsein zurück, bis ein ihm in die Hand gedrücktes Viergroschenstück den Krampf seiner Seele löst.

LUDWIG LENZ UND LUDWIG EICHLER

GRABSPRUCH

Er starb zum größten Leidwesen seiner Gemeinde eines seligen Todes.

GRAB EINES TOTENGRÄBERS

Wer kaum 90 Jahr gelebt
Und scharrte manchen ein,
Wer andern eine Grube gräbt,
fällt endlich selbst hinein.

TÜRMER UND TOTENGRÄBER

Der Türmer in seinem Stübchen
Der saß in finsterer Nacht,
Sah aus nach allen Seiten
Und hielt getreue Wacht.

Er bog sich hinaus zum Fenster
Und sah auf den Friedhof hinab;
Da grub der Totengräber
Beim flackernden Span ein Grab.

OBEN Der Totengräber *aus dem Ständebuch Christoph Weigels d. Ä. Zu seinen Aufgaben gehörte es, Schädel zur Zweitbestattung ins Beinhaus zu bringen, da die Kirchhöfe nicht vergrößert werden konnten.*

»Traun!« – meinte der Türmer droben,
»Der hat wohl ein schaurig Amt:
Zu wohnen unter Toten,
Im Leben zum Tode verdammt;

Von Leichen umduftet zu schlafen,
Auf morschen Gräbern zu stehn,
Und unter Kreuzen zu wandeln,
Und über Knochen zu gehn;

Bei knisternden Brettern der Särge
Zu kochen das karge Mahl;
Bei jedem Schritt erinnert:
Hier ruhst auch du einmal!

Hab' eben nichts zu verlieren,
Bin kein geschreckter Mann;
Doch müsst' ich da unten wohnen,
Wohl käm' ein Grausen mich an.« –

Der Totengräber unten
Setzt eben den Spaten ein,
Da fällt ihm das Licht ins Auge
Von Türmers Fensterlein.

»Traun!« – meint der Totengräber,
»Der hat wohl ein schaurig Amt;
Zu wohnen allein in den Lüften,
Zur Einsamkeit verdammt;

Von Stürmen umbraust zu werden,
Von Raben umkrächzt zu sein,
Aus öder Stube zu starren
Ins öde Dunkel hinein;

Und immer die Glocke zu rühren,
Wenn einer starb im Tal,
Bei jedem Schlag erinnert:
So läutet's auch dir einmal!

Hab' eben nichts zu verlieren,
Bin kein geschreckter Mann,
Doch müsst' ich da droben wohnen,
Wohl käm' ein Grausen mich an.«

JOHANN GABRIEL SEIDL

DAS WIRTSHAUS

Auf einen Totenacker hat mich mein Weg gebracht;
Allhier will ich einkehren, hab' ich bei mir gedacht.
Ihr grünen Totenkränze könnt wohl ein Zeichen sein,
Die müde Wand'rer laden ins kühle Wirtshaus ein.

Sind denn in diesem Hause die Kammern all' besetzt?
Bin matt zum Niedersinken, bin tödlich schwer verletzt.
O unbarmherz'ge Schenke, doch weisest du mich ab?
Nun weiter denn, nur weiter, mein treuer Wanderstab!

WILHELM MÜLLER

ALTE FRAU AUF DEM FRIEDHOF

Sie scheint auf den Tod zu warten.
Täglich kommt sie wieder hierher
und sitzt bis zum Abend im Garten,
als ob sie zu Hause wär.

Sie kennt alle Leichensteine.
Sie kennt jeden Gitterstab.
Und sie hockt bis zum Abend alleine
an ihrem eigenen Grab.

Dunkle Choräle verwehen.
Weinende Menschen stehn
vor frischen Gräbern und gehen
ergriffen durch graue Alleen.

Die Alte sitzt unbeweglich.
Sie ist nicht schlimm und nicht fromm.
Sie hockt und schweigt, und täglich
betet sie: »Tod, nun komm!«

ERICH KÄSTNER

UNTEN *»Es ist bestimmt in Gottes Rat / dass man vom Liebsten, was man hat / muss scheiden«. Verse von Ernst Freiherr von Feuchtersleben, vertont von Felix Mendelssohn-Bartholdy.*

WARUM DER KAUZ TOTENVOGEL GENANNT WIRD

In früheren Zeiten lagen Dörfer und Städte nachts völlig im Dunkeln. Nur hinter manchen Fenstern war ein Licht angezündet, dort, wo ein schwer Kranker oder Sterbender lag. Insekten flogen in Scharen der raren Lichtquelle entgegen und in ihrem Gefolge die Käuze, angelockt von der leichten Beute. Ihr Ruf »Kuwitt, kuwitt« klang für die Menschen wie »Komm mit«. Wer ihn hörte, dessen letztes Stündlein hatte ja meist bald geschlagen.

2. KAPITEL

Möge die Erde dir leicht sein

DER TODESENGEL

's gibt eine Sage, dass, wenn plötzlich matt
Unheimlich Schaudern einen übergleite,
Dass dann ob seiner künft'gen Grabesstatt
Der Todesengel schreite.

Ich hörte sie und malte mir ein Bild
Mit Trauerlocken, mondbeglänzter Stirne,
So schaurig schön, wie's wohl zuweilen quillt
Im schwimmenden Gehirne.

In seiner Hand sah ich den Ebenstab
Mit leisem Strich des Bettes Lage messen,
– So weit das Haupt – so weit der Fuß – hinab!
Verschüttet und vergessen!

Mich graute, doch ich sprach dem Grauen Hohn,
Ich hielt das Bild in Reimes Netz gefangen,
Und frevelnd wagt ich aus der Totenkron
Ein Lorbeerblatt zu langen.

LINKS *Sie bringen den Tod und begleiten Verstorbene ins Jenseits. Streng und schön wie auf der Fotografie von Jule Baumeister, ist der Todesengel häufig ein Synonym für den Tod.*

O, manche Stunde denk ich jetzt daran,
Fühl ich mein Blut so matt und stockend schleichen,
Schaut aus dem Spiegel mich ein Antlitz an –
Ich mag es nicht vergleichen; –

Als ich zuerst dich auf dem Friedhof fand,
Tiefsinnig um die Monumente streifend,
Den schwarzen Ebenstab in deiner Hand
Entlang die Hügel schleifend;

Als du das Auge hobst, so scharf und nah,
Ein leises Schaudern plötzlich mich befangen,
O wohl, wohl ist der Todesengel da
Über mein Grab gegangen!

ANNETTE VON DROSTE-HÜLSHOFF

HEILIGE ZWISCHEN DIESSEITS UND JENSEITS

Weithin sichtbar grüßt der heilige Christophorus an den Außenmauern vieler Kirchen in Süddeutschland und im Alpenraum. »Habt keine Angst, ich bin bei euch«, signalisieren die überlebensgroßen Bilder. Christophorus schützt gegen den jähen Tod und sorgt für eine gute Sterbestunde.

Der Erzengel Michael hat, wie die Bibel erzählt, den Leichnam Moses' dem Teufel abgerungen. Daher wird er als Seelenbegleiter ins Jenseits und als Patron von Friedhöfen und Beinhäusern angesehen.

Die heilige Gertrud von Nivelles war zwar vor allem die Schutzheilige der Spitäler, galt jedoch auch als Patronin der Gräber, weshalb ihr im Mittelalter mehrere Friedhöfe geweiht waren.

Dem heiligen Sebastian wurden viele Pestfriedhöfe geweiht. Der Legende nach überlebte der Heilige die Pfeile, die ihn töten sollten (und erlitt erst später durch die Peitsche den Märtyrertod). Weil die Pest als »anfliegende« Krankheit galt, trugen die Gläubigen Sebastianspfeile als Schutz gegen sie.

ACH WAS HILFT EIN BLÜMELEIN

Sterben ist eine harte Buß,
Weiß wohl, dass ich sterben muss,
Und ein Röslein rosenrot
Pflanzt mein Schatz nach meinem Tod.

Wenn ich mal gestorben bin,
Wo begrabt man mich denn hin?
Schau nur in den Kirchhof nein,
Da wird noch ein Plätzlein sein!

OBEN *Der österreichische Maler Franz Eybl stellte in seiner frühen Schaffenszeit gern Alltagsszenen aus der bäuerlichen Welt dar, so wie auf seinem Ölgemälde aus dem Jahr 1838. Er gab ihm den Namen* Junges Mädchen, ein Grabkreuz bekränzend.

Wachsen schöne Blümlein drauf,
Geben dir ein schönen Strauß.
Ach was hilft ein Röslein rot,
Wenn es blüht nach Liebes Tod!

Dort hinein, und nicht hinaus,
Trägt man mich ins Grabeshaus,
Habs gesehen in der Nacht,
Hats ein Traum mir kundgemacht.

Auf den Kirchhof wollt ich gehn,
Tät das Grab schon offen stehn,
Ach das Grab war schon gebaut,
Hab es traurig angeschaut.

War wohl sieben Klafter tief,
Drinnen lag ich schon und schlief,
Als die Glock hat ausgebraust,
Gingen unsre Freund nach Haus.

Sterben ist ein harte Pein,
Wenns zwei Herzallerliebste sein,
Die des Todes Sichel scheidt,
Ach das ist das größte Leid.

Denn was hilft ein Blümelein,
Wenn es heißt ins Grab hinein;
Ach was hilft ein Röslein rot,
Wenn es blüht nach Liebes Tod.

ACHIM VON ARNIM UND
CLEMENS BRENTANO

WIE MAN DIE TOTEN ZU GRABE TRUG

Ein Todesfall, er mag nun lange erwartet oder plötzlich eintreten, bringt immer eine Bewegung in die Gemeinde, und es wird viel darüber gesprochen. Es ist jedes Mal eine Bußpredigt an die

Lebendigen. In der Mittagsstunde, nachdem der Tod eingetreten ist, werden drei Pulse geläutet, so dass es im Ganzen eine Stunde dauert. Am Tage, da die Gruft gegraben wird, werden wieder drei Pulse geläutet, und am Tage des Begräbnisses werden die Glocken fast während der ganzen Leichenfeier gezogen. Fast das ganze Dorf folgt der Leiche in Trauerkleidern, wie sie während der Passionszeit getragen werden. Vorne an geht der Pastor und der Küster mit der Schule, dann kommen die Träger mit dem Sarge, hinter dem die nächsten Leidtragenden folgen und dann die ganze Gemeinde. Die Art und Weise, wie die Leichen bestattet werden, ist sehr verschieden. Mit einer Leichenpredigt wurden nur die Bauern und unter diesen besonders der Schulze, die Gerichtsmänner, Kirchen- und Schulvorsteher bestattet. Andere wurden mit einer Leichenrede vor dem Altare begraben, selten wurde eine Leiche still und ohne Glocken und ohne Gesang beigesetzt. In der Regel steht der offene Sarg auf dem Flur des Trauerhauses, der Küster mit der Schule und der größte Teil des Gefolges sind vor der Tür versammelt. Ein Sterbelied wird gesungen, dann liest der Küster einen Abschnitt aus der Heiligen Schrift, gewöhnlich die bekannte Epistel aus I. Thessalonicher: »Wir wollen Euch nicht verhalten, liebe Brüder, von denen die da schlafen« bis zu den Worten: »so tröstet Euch nun mit diesem Worte unter-

UNTEN *Abschied am offenen Sarg: Ein Besuch* Im Trauerhaus *(so der Titel des Gemäldes von Genremaler Walter Firle) war früher für Freunde und Nachbarn selbstverständlich.*

einander«. Es folgt wieder ein Lied, und darauf zieht der Zug feierlich und langsam unter Gesang und Geläut nach dem Kirchhofe; wird eine Leichenpredigt gehalten, so wird die Leiche in die Kirche getragen, vor dem Altar niedergesetzt und nach Beendigung der Predigt wieder unter Gesang und Geläut zum Grabe getragen, wo der Küster anhebt: »Nun lasset uns den Leib begraben.« Wird keine Leichenpredigt gehalten, so folgt erst die Beisetzung, und darauf gehen alle in die Kirche, wo vom Altar aus Ansprache und Gebet die Feier beschließt. In beiden Fällen wird der sogen. Ruhmzettel, d.h. der kurze Lebenslauf des Verstorbenen, verlesen. Jeder, der auf der Straße dem Leichenzuge begegnet, bleibt so lange stehen, bis er vorüber ist, hält sich den Hut vor das Gesicht und betet um ein seliges Ende. Bei jungen Leuten wird von den Altersgenossen eine Krone auf den Sarg gesetzt, die vor der Versenkung abgenommen wird und in der Kirche auf dem Altar bis zum nächsten Sonntage steht und die dann an der Wand der Kirche aufgehängt wird. Die Träger der Leiche sind die Standesgenossen, die Bauern tragen den Bauer, die Büdner den Büdner etc. Diese Ordnung ist selten in einem Dorfe ebenso wie in dem andern, es wurde aber streng am Herkommen festgehalten.

CARL BÜCHSEL

HERZLICHES BEILEID

Die tröstenden Worte für jeden Trauerfall sind eine Erfindung des Barock. Der Dichter und Arzt Paul Fleming prägte das Wort in der ersten Hälfte des 17. Jahrhunderts. Von seinen Zeitgenossen wurde es lange Zeit nicht verstanden und mit Mitleid verwechselt. Erst nach und nach setzte sich die Formel durch. Endgültig trat sie ihren Siegeszug an, als sie millionenfach auf gedruckten Karten wiederholt wurde.

GEBETSGANG DER MÄDCHEN

War ein Sterbefall eingetreten, dann verrichteten am nächstfolgenden Mittag sieben Nachbarsmädchen die Fußfallgebete. Dafür bestanden eigens sieben Fußfallkreuze im Dorf. Die letzte Gebetsstation war an dem Hochkreuz auf dem Friedhof, das links vom Kirchturm zwischen zwei Linden stand. Nach 1862 diente der damals errichtete Kreuzweg von Bornheim bis Brenig diesem Gebetsgang, bei dem die Mädchen in Reihe mit Andacht und Ernst daherschritten. Kein Mädchen wagte es, umherzuschauen oder zu lachen. Nach altem Volksglauben war sonst ein Sterbefall in Jahresfrist in der eigenen Familie zu erwarten. Zuletzt kamen die Mädchen nur noch in der Kirche zusammen, wo vor den 14 Kreuzwegbildnissen gebetet wurde. Dann begaben sie sich zum Trauerhaus. Dort war ein Tisch mit Kaffee und Kuchen für die Mädchen gedeckt. Heute werden die Verstorbenen vielfach bis zum Begräbnis in der Leichenhalle des Nachbardorfes aufgebahrt. Dadurch wird der schöne Brauch des »sieben Fußfallbetens« seit 1966 nicht mehr durchgeführt.

Beim Tode eines geliebten Menschen schöpfen wir eine Art Trost aus dem Glauben, dass der Schmerz über seinen Verlust sich nie vermindern wird.

MARIE VON EBNER-ESCHENBACH

DER LEICHENWAGEN

Gleich nach dem Ersten Weltkriege beschaffte sich die Gemeinde einen gebrauchten, pferdebespannten Leichenwagen. Davor wurden die Toten auf einem vierrädrigen Langwagen, von dem man den Kasten abgenommen hatte, zum Friedhof gefahren. Ein altes Weiblein mit einer brennenden Kerzenleuchte in ihrer Rechten saß auf dem Gefährt und leuchtete dem Toten ins Grab, wie der

Volksmund sinnig sagte. War der Sarg am Friedhof von den Trägern übernommen worden und der Trauerzug zum Grabe weitergeschritten, begann eine geradezu tolle Rückfahrt. Die Pferde wurden bis zum Galoppieren durch Schreien und Peitschenschläge angetrieben. Die eigenartige Fahrt wurde durch Dorfgassen und über Feldwege fortgesetzt, bis der letzte Strohhalm vom »Schoof« ohne Berührung durch Menschenhand vom Wagenboden herabgefallen war. Das »Schoof« war eine Lage aus Strohbündeln, auf der der Tote im Sterbehause gebettet war. Auf dieser Strohlage auf dem Boden des Langwagens hatte auch der Sarg gestanden.

DER LEICHENZUG

wir gehen sehr
hinter dem sarge mehr
da dies ein begräbnis sehr
eine leiche mehr oder weniger
mit aufgetürmten kränzen sehr
und ein betpfarrer mehr oder weniger
und unser aller leben sehr
und einen toten mehr
und einen lebenden sehr weniger

ERNST JANDL

GRABSPRUCH

Hier ruht
Amtmann
Isengrimm
wog 500 Pfund
sonst weiß man
nichts von ihm

BEGRÄBNIS

Ein Mensch, der, wie gelebt zu haben,
Man wünscht, gelebt hat, wird begraben. –
Und zwar bei zwanzig Grad, im Jänner:
Der Frost steigt in die Knie der Männer.
Der Pfarrer sagt, ein schlichter Greis,
Was er seit gestern flüchtig weiß.
Die Männer wissens lange schon –
Auch stehts in jedem Lexikon.
Ein alter Freund, ein beinah blinder,
Liest mühsam ab aus dem Zylinder
Samt den Verdiensten, den erworbnen,
Die nähern Daten des Verstorbnen.

UNTEN *Gekleidet in die beste Sonntagstracht, mit gesenktem Kopf und ehrfürchtig gezogenem Hut geleitete man die Toten feierlich zu ihrer letzten Ruhe. In Dachau hat der Maler Leopold Graf von Kalckreuth diesen Leichenzug im Jahr 1882 beobachtet.*

Die Liebe höret nimmer auf:
Ein dritter gibt den Lebenslauf.
Ein völlig unbekannter Mann
Spricht lang, obwohl er es nicht kann.
Ihm folgt ein weitrer Wortewürger
Aus Tupfing, für den Ehrenbürger.
Ein Dichter, ohne Gnade, spricht
Ein lang nicht endendes Gedicht.
Noch länger spricht ein Mann, der klagt,
Vorredner hättens schon gesagt.
Und viele stehn noch da mit Kränzen,
Bereit, rhetorisch hier zu glänzen.
Sein Leben lang geliebt, wird fast
Der Mensch im Grabe jetzt gehasst.

EUGEN ROTH

GRABSCHRIFT AUF HERRN B.

Hier liegt
und rezitiert nicht mehr,
das ist:
hier liegt begraben
J. Christoph B.,
trotz seines patriotischen Sinnes
mehr eine Anthologie der Deutschen
als ein Deutscher.
Sein ganzes Leben
war ein Sinngedicht,
denn

RECHTS *Humorvoll, direkt und manchmal deftig sind die Sprüche auf den Grabkreuzen des Museumsfriedhofs im österreichischen Ort Kramsach. Besucher aus vielen Ländern bestaunen die einzigartige Sammlung.*

er brachte den klügsten Einfall, den
er jemals hatte,
ans Ende,
er starb.
Doch nein,
er ward vielmehr vergriffen,
und wir zweifeln nicht,
dass
er an jenem Tage auf besseres Papier
wieder aufgelegt werden wird.

GEORG CHRISTOPH LICHTENBERG

UNTEN *Bis vor wenigen Jahrzehnten war es üblich, die Toten zu Hause aufzubahren.*

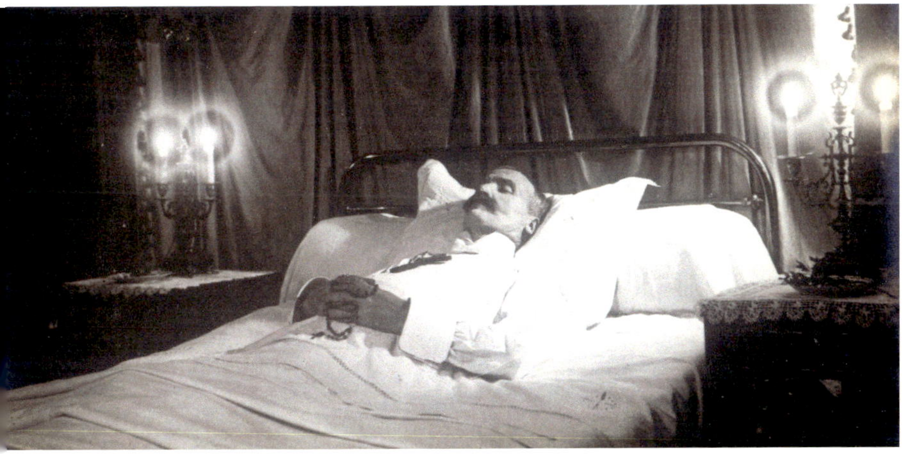

WARUM SOLLT ICH NICHT FRÖHLICH SEIN?

Ich mag wohl Begraben mit ansehn, wenn so ein rotgeweintes Auge noch einmal in die Gruft hinabblickt oder einer sich so kurz umwendet und so bleich und starr sieht und nicht zum Weinen kommen kann. ’s pflegt mir denn wohl selbst nicht richtig in ’n Augen zu werden, aber eigentlich bin ich doch fröhlich. Und warum sollt ich auch nicht fröhlich sein; liegt er doch nun und hat Ruhe! und ich bin darin ’n närrischer Kerl, wenn ich Weizen säen sehe, so denk ich schon an die Stoppeln und den Erntetanz. Die Leut fürchten sich so vor einem Toten, weiß nicht, warum. Es ist ein rührender heiliger schöner Anblick, einer Leiche ins Gesicht zu sehen; aber sie muss ohne Flitterstaat sein. Die stille blasse Todsgestalt ist ihr Schmuck, und die Spuren der Verwesung ihr Halsgeschmeide, und das erste Hahnengeschrei zur Auferstehung.

MATTHIAS CLAUDIUS

AUF DEM MATTHÄIKIRCHHOF

Alltags mit den Offiziellen
Weiß ich mich immer gutzustellen,
Aber feiertags was Fremdes sie haben,
Besonders wenn sie wen begraben,
Dann treten sie (drüber ist kaum zu streiten)
Mit einem Mal in die Feierlichkeiten.
Man ist nicht Null, nicht geradezu Luft,
Aber es gähnt doch eine Kluft,
Und das ist die Kunst, die Meisterschaft eben,
Dieser Kluft das rechte Maß zu geben.
Nicht zu breit und nicht zu schmal,

UNTEN *Hamburger Bürger – vermutlich Mitglieder einer Bruderschaft – tragen einen der Ihren im roten Sarg zu Grabe.*

Sich flüchtig begegnen, ein-, zwei-, dreimal,
Und verbietet sich solch Vorüberschieben,
Dann ist der Gesprächsgang vorgeschrieben:
»Anheimelnder Kirchhof … beinah ein Garten …
Der Prediger lässt heute lange warten«,
Oder: »Der Tote, hat er Erben?
Es ist erstaunlich, wie viele jetzt sterben.«

THEODOR FONTANE

ZWEI GRÄBER

In ein Massengrab, das eben geschlossen werden sollte, wurde ganz zuletzt noch ein schmales Särglein gesenkt, und Leute, die der Arbeit zusahen, fragten: »Wer war der, der so wenig Platz beansprucht in der Mutter Erde?«

»Ja«, antwortete ein Handlanger, »das war der Zeisi. Taglöhner seines Zeichens, haben ihn aber nirgends behalten. Ist dann herumgezogen mit der Gitarre und hat in den Höfen der Häuser gesungen, um ein Stück Brot, um ein Paar Stiefel, sehr oft umsonst.«

Wie der Mann so erzählte, trat eine verhüllte Gestalt heran, warf Blumen auf den schmalen Sarg und blickte lange wehmütig zu ihm nieder.

In ehrfurchtsvoller Scheu wichen die anderen zurück; ein überirdisches Wesen erschien sie ihnen; niemand wagte sie anzureden. Sie selbst aber sprach: »Hier ward ein Poet begraben.«

Eine Stunde später kam, von einer unabsehbaren Menge begleitet, ein prachtvoller Leichenzug auf dem Friedhofe an. Der kostbare Sarg, ganz bedeckt mit Lorbeerkränzen, barg einen gefeierten Schriftsteller. Er wurde in die Gruft gesenkt, und der berühmteste Redner der Stadt weihte dem Dahingeschiedenen einen Nachruf voll dithyrambischen Schwunges.

Plötzlich hielt er inne … Er hatte die Herrliche erblickt, die noch immer an der Ruhestätte der Armen stand.

»Gebt Raum«, rief er ins Gedränge. »Die hohe Göttin, deren Gunst unsern großen Toten beglückt, naht heran, mit uns um ihn zu trauern. Gebt Raum der hohen Göttin!«

Die Anwesenden gehorchten, und sofort öffnete sich für die nächste, die edelste Leidtragende ein Weg zur Gruft.

Sie betrat ihn nicht – sie schüttelte das Haupt; über ihr schimmerndes Antlitz flog ein Lächeln himmlischer Verachtung, und sie sprach: »Der Tote war mir fremd; ihr habt einen Taglöhner begraben.«

MARIE VON EBNER-ESCHENBACH

BEGRÄBNISGEDICHT

Als sie den Dichter begraben haben,
War einer da, der für ein Wochenblatt
Einige Aufnahmen machte. Man sah sie später.
Den steilen Sarg, wie um ein mächtiges Haupt
Gezimmert, und den aufgeworfnen Wall,
Die Schaufel Erde in der Hand des Freundes,
Verwackelt, weil die Hand gezittert hatte.

Es war, alles in allem, eine klägliche Feier.
Abwesend war das Oberhaupt der Stadt,
Abwesend waren die Herren der Akademie.
Die Blumen waren aus Stroh und die Kränze stachlig.
Wer stürbe gerne in der Rosenzeit?
Der Pfarrer sprach sehr lang. Die Kinder übten
Verstohlen still, auf einem Bein zu stehen.
Einige waren gekommen, die niemand erblickte.
Sieben Dryaden, zwei Nymphen, ein Feuersalamander.
Nicht, dass der Dichter sie besungen hätte,
Doch sie schienen zu glauben, sie gehörten dazu.
Die Gäste hatten Angst sich zu erkälten,
Ein Toter zieht den anderen ins Grab …
Sie schlossen ihre Mäntel, starrten gedankenlos
Die Wolke an, die über ihre Köpfe
Dahinfuhr schwarz und herrlich –
Die schöne Wolke, dachte der Photograph,
Und machte eine Aufnahme privat.
Ein fünfzigstel Sekunde, Blende zehn.
Doch auf der Platte war dann nichts zu sehen.

MARIE-LUISE KASCHNITZ

LINKS OBEN *Massengräber auf dem Ohlsdorfer Friedhof in Hamburg, die 125 Arbeiter in Tag- und Nachtschichten aushoben. Im heißen Sommer des Jahres 1892 wütete in der Stadt die letzte große Cholera-Epidemie Deutschlands, bei der 8605 Menschen starben.*

SCHILLERS BESTATTUNG

Ein ärmlich düster brennend Fackelpaar, das Sturm
Und Regen jeden Augenblick zu löschen droht.
Ein flatternd Bahrtuch. Ein gemeiner Tannensarg
Mit keinem Kranz, dem kargsten nicht, und kein Geleit!
Als brächte eilig einen Frevel man zu Grab.
Die Träger hasteten. Ein Unbekannter nur,
Von eines weiten Mantels kühnem Schwung umweht,
Schritt dieser Bahre nach. Der Menschheit Genius war's.

CONRAD FERDINAND MEYER

SELTENE LIEBE

Mit dem Leichnam eines jungen Mannes im Schweizerland, der erschlagen wurde in einem Gefecht nicht weit vom Vierwaldstättersee, mit dem Leichnam ging es wunderbar zu. Dass er nach dem Gefecht war begraben worden nächst der Walstatt, wussten mehr als zwanzig Männer aus dem nämlichen Ort, die es taten und dabei waren, und ein Kreuz, wie man in der Geschwindigkeit eines machen kann, auf sein Grab steckten, dass, wer vorüberginge, auch ein Vaterunser für seine Seele beten sollte. Item, am Dienstag darauf, als der Sigrist frühe morgens in

die Kirche gehn und das Morgengebet anläuten wollte; lag der nämliche Leichnam daheim auf dem Kirchhof, vor der Kirchtüre. Man begrub ihn noch einmal mit allen Gebräuchen und Gebeten der Kirche in die geweihte Erde. Item, als es noch einmal Dienstag wurde, war der nämliche Leichnam wieder aus dem Grab und von dem Kirchhof weg verschwunden. Sonst tut der Glaube Wunder. Diesmal aber tat's des Glaubens fromme Schwester, *die Liebe*. Er war als Freiwilliger mitgezogen, weil ihm die Gemeinde auf den Fall das Bürgerrecht angeboten hatte. Denn er war nur Hintersass und seiner Arbeit ein Maurer, was zwar nicht zur Sache, aber zur Wahrheit gehört. Seine junge Frau aber ängstete sich daheim und weinte und betete, und jeder Schuss, den sie hörte, ging ihr schauerhaft durch das Herz, denn sie fürchtete, er gehe durch das seinige. Einer ging dadurch, und als die andern am dritten oder vierten Tag wohlbehalten nach Hause kamen, brachten sie ihr das blutige Gewand ihres Mannes, sein Gebetbüchlein und seinen Rosenkranz. »Dein Mann«, sagten sie, »hat jetzt ein anderes Bürgerrecht angetreten. Er liegt im oberen Ried. Ein Kreuz steht auf seinem Grab. Es hätte jeden treffen können«, sagten sie. Die arme Frau verging fast in Tränen und Wehklagen. »Mein Mann erschossen«, sagte sie, »mein Einziges und Alles – und im Ried begraben, in ungeweihter Erde!« Da raffte sie sich plötzlich auf, und in der Nacht, als alles schlief, ging sie allein mit einer Schaufel und mit einem Sack in das Ried hinauf, suchte das Grab und die geliebte Leiche und trug sie heim auf den Kirchhof. Solche Herzhaftigkeit und Stärke hatte ihr der Schmerz und die Liebe gegeben. Als sie aber hernachmals Tag und Nacht sich fast nimmer von dem Grabe entfernen und nicht essen und nicht trinken wollte, sondern unaufhörlich das Grab

UNTEN *Schleier und Handschuhe waren lange Zeit Bestandteil der Trauerkleidung. Bis vor wenigen Jahrzehnten trugen vor allem Witwen ein Jahr lang ihre schwarzen Kleider.*

mit ihren Tränen benetzte und mit dem Verstorbenen redete, als ob er sie hören könnte, alle Vorstellungen waren fruchtlos, da sagte endlich der Vorsteher des Ortes, es sei kein anderes Mittel übrig, als man grabe den Toten heimlicherweise noch einmal aus und bringe ihn auf einen andern Kirchhof, sonst vergehe noch die arme Frau. Also brachte man sie mit viel Zureden und Mühe in ihre leere Wohnung zurück und brachte in der Nacht den Leichnam auf einen andern Kirchhof. Nur wenige Menschen wussten davon, wohin er war gebracht worden. Den frommen Leser rührt diese Geschichte, und er sagt, solcher beispiellosen ehelichen Liebe und Treue können nur noch Schweizerherzen fähig sein. Fehl gesprochen! Beide, die unglückliche Frau und ihr verstorbener Gatte, waren Fremdlinge, und zwar aus *Deutschland*. Doch kein Schmerz dauert ohne Ende, der heftigste am wenigsten. Die nämliche Frau gewann in der Folge einen zweiten braven Gatten, ebenfalls einen Deutschen, und die Gemeinde erteilte – diesem das Bürgerrecht, das sein Vorfahrer mit seinem Leben erkauft hatte.

JOHANN PETER HEBEL

JEDER NACH SEINER FASSON – MANCHERLEI RUHESTÄTTEN

Begraben unter Bäumen

Friedlich in der Natur zu liegen, eingebettet zwischen den Wurzeln eines Baumes – diese Idee begeistert immer mehr Menschen. 41 Friedwälder und 49 Ruheforste sind seit 2001 in Deutschland entstanden. Zusätzlich bieten die kirchlichen und kommunalen Friedhöfe inzwischen Baumbestattungen an. In der Schweiz ist die Palette der Naturbestattungen breit gefächert. Dort kann man nicht nur in Wäldern, sondern auch auf Almwiesen, an Felswän-

OBEN *Ein Friedwald in Sachsen-Anhalt: Eine Namenstafel erinnert an die Verstorbenen, die Grabpflege übernimmt die Natur.*

den oder in einem Bergbach die letzte Ruhe finden. Im »Wald der Ewigkeit« können Österreicher sich nach Themen begraben lassen und für ihre Urne beispielsweise den Baum des Friedens, den Baum des Herzens oder den Baum der Erfüllung wählen.

Friedhof der Nachbarinnen

Zusammen leben – zusammen liegen: Dieser Wunsch hat in München zur Gründung eines Frauenfriedhofs geführt. »Schiefe Kiefer« heißt das Gräberfeld auf dem Riemer Friedhof, gepachtet vom gleichnamigen Verein, den eine Gruppe von Nachbarinnen gegründet hat. Sie leben seit Jahren in einem selbst verwalteten Frauenwohnprojekt zusammen und schätzen ihre Art des Miteinanders so sehr, dass sie sie auch nach ihrem Ableben fortführen wollen. Unkompliziert und pflegeleicht soll ihre Ruhestätte sein, ohne Einzelgräber, ohne aufwendige Pflege und ohne Grabsteine. Leicht zu finden ist sie für alle: Eine moderne Stahlskulptur, die viele Deutungen zulässt, macht mit leuchtendem Blau auf sie aufmerksam.

Fengshui auf dem Friedhof

Hier wird für jeden der passende Platz gefunden: Auf dem europaweit ersten Fengshui-Friedhof im niederbayerischen Fürstenzell wird anhand von Zeit und Ort der Geburt berechnet, wo die Verstorbenen zur letzten Ruhe gebettet werden sollen. Wasser, Luft, Feuer, Erde und Metall – den »fünf Elementen« sind Landschaftsbereiche mit passender Vegetation, Blütenfarbe und Himmelsrichtung zugeordnet. Fengshui-Berater informieren über Details. Ihre Philosophie: Jeder Mensch hat seine eigene Aura, auch über den Tod hinaus.

Für immer Fan

Wahre Begeisterung endet nicht mit dem Tod. Deshalb können sich Fußballfans in Hamburg auf dem HSV-Friedhof begraben lassen, dem Ersten seiner Art in Europa. Das Gräberfeld auf dem Altonaer Friedhof hat die Form eines Fußballstadions, den Eingang markiert ein Tor aus Beton. Bälle als Grabsteine sind ebenso erlaubt wie Vereinswimpel als Schmuck. Natürlich liegt das Stadion in unmittelbarer Nähe. Bei Heimspielen weht von dort die Stadionhymne »Hamburg, meine Perle« herüber und dazu der Torjubel. Den echten Fan stört geade das nicht in seiner ewigen Ruhe.

AUS DEM GRABE

Indessen du voll Kummer
in deinem Bett gewacht,
lag ich in sanftem Schlummer
im Grab die erste Nacht.

Um mich, du mein Gefährte,
gräme dich nicht zu sehr;
o glaube mir: die Erde
ist keinem Guten schwer.

Des Tages banger Schwüle,
des Streites Lärm entrückt,
ach, wie mich hier die Kühle,
die Stille mich beglückt.

Es steigt fortan mein Wollen
in Bäumen schlank empor;
in Blumen, düftevollen,
bricht mein Gefühl hervor;

und sprosst vom Grabesboden
ein Lilienstengel auf,
den reich' ich von den Toten
dir, lieber Freund, hinauf.

DAVID FRIEDRICH STRAUSS

WAS GRABSTEINE VERRATEN

Früher galt es als gefährlich, einen Blick auf Grabsteine zu werfen: »Wer Leichensteine auf dem Gottesacker liest, verliert das Gedächtnis«, heißt es in der *Deutschen Mythologie* von Jacob Grimm. Heute sind Grabsteine und Grabmäler eine Fundgrube für Kunst- und Kulturinteressierte. Werkzeuge und Musikinstrumente geben Hinweise auf den Beruf der Verstorbenen. Symbole machen Aussagen über Glauben, Hoffnung und Erinnerung. Auf alten Friedhöfen verraten sie manchmal, in welcher Zeit sie eingemeißelt wurden. So war es im 17. Jahrhundert, also im Barock, üblich, Schädel und Kreuz – Tod und Auferstehung – einander gegenüberzustellen.

Auch über den Familienstand geben alte Gräber Auskunft. Herzen versprechen der verstorbenen Ehefrau Liebe über den Tod hinaus. Eine Krone weist darauf hin, dass dort ledige Tote liegen. Ihnen wurde dieser Schmuck als Entschädigung für die Brautkrone, die sie im Leben nicht getragen hatten, mitgegeben. Entdeckt man auf einem Grabmal ein Wappen, das verkehrt herum eingehauen wurde, dann weiß man: Hier liegt der Letzte seines Stammes.

TAUBE ZEIGT DEN TOD AN

Zu Armsheim auf dem Kirchhof steht ein Grabstein, darauf ist ein Pflug, auf dem eine Taube sitzt, eingehauen. Vor vielen Jahren hat dort ein junges Ehepaar gelebt, und die Frau hatte eine zahme Taube, die war ihr Liebling und nahm ihr aus dem Munde, was sie der Taube darbot. Die junge Frau war in guter Hoffnung, und eines Frühlingsmorgens befiel sie ein Bangen, als eben ihr

OBEN *Die Taube mit dem Ölzweig – seit der biblischen Sintflut Sinnbild der Versöhnung mit Gott – steht auch auf Grabsteinen dafür, dass ein neuer, schönerer Anfang möglich ist.*

Mann hinaus an den Acker gehen wollte zur Saat, denn es war Säezeit und der Morgen windstill und heiter. Aber die Frau bat gar herzlich ihren Mann: Bleibe bei mir! – Doch er entschuldigte sich mit seiner Arbeit Dringlichkeit und verhieß sich zu eilen und baldige Heimkehr. – Er hatte aber den Samen noch nicht zur Hälfte ausgestreut, da kam die Lieblingstaube seiner Frau geflogen und flatterte umher und setzte sich auf den Pflug, der auf dem Acker stand, und sah den Sämann an, und schlug mit den Flügeln. Und da er nicht abließ von seiner Arbeit, so flog ihm die Taube gegen die Brust und pickte ihn in das Kinn, und da gedachte er an seine Frau und eilte heim. Da fand er seine junge schöne Frau tot im Bette, denn sie hatte ohne Hülfe geboren, und zwei lebende gesunde Kinder lagen in ihren Armen. Es war niemand da gewesen, den sie nach Hülfe senden konnte, und er hatte ihre zarte Bitte nicht verstanden. Und war die treue Taube nicht, so wären auch die Kindlein Todes verblichen. Der Mann trauerte, solange er lebte, freite nie wieder und zog die Zwillinge mit Liebe auf. Auf der Gattin Grab ließ er das Bild der Taube meißeln und betete oft um Mitternacht auf dem Grabe seiner Entschlafenen.

LUDWIG BECHSTEIN

LEXIKON DER SYMBOLE

Alpha und Omega
Der erste und der letzte Buchstabe des griechischen Alphabets stehen für Anfang und Ende.

Anker
Der Anker bedeutet in der christlichen Symbolik Hoffnung. Außerdem ist er ein Zeichen für die Festigkeit des Glaubens.

Auge
Licht und Erleuchtung werden mit dem Auge in Verbindung gebracht. Umgeben von Sonnenstrahlen oder in einem Dreieck mit nach oben weisender Spitze zeigt es für Christen die göttliche Gegenwart oder die Dreifaltigkeit an.

Baum
Wurzeln, die tief in die Erde reichen, Zweige, die zum Himmel weisen – so ist der Baum wie der Mensch ein Wesen zweier Welten. Zugleich ist er ein Symbol für Leben und Tod, für Werden und Vergehen. Wie der Baum im Frühjahr nach seinem todesähnlichen Winterschlaf neue Knospen treibt, so hoffen auch die Menschen auf ein neues Aufblühen ihres Lebens.

Blatt
Das Blatt, das sich vom Baum gelöst hat, und das welke Blatt sind Sinnbilder für Vergänglichkeit, Tod und Trauer.

Engel
Nicht nur im Christentum sind Engel himmlische Begleiter der Menschen auf dem Lebensweg und darüber hinaus, Mittler zwischen Himmel und Erde und im Wortsinn *(angelus)* Boten des Herrn. Tröstend und schützend, sind sie vor allem auf Kindergräbern häufig zu finden.

Grashalm, abgeknickt

»Sie sind wie ein Schlaf, gleichwie ein Gras, das doch bald welk wird, das da frühe blühet und bald welk wird und des Abends abgehauen wird und verdorrt« – so wird in Psalm 90 das menschliche Leben beschrieben.

Hand

Nach oben gehaltene und gefaltete Hände sind die typische Gebetshaltung. Eine aus den Wolken herabreichende Hand symbolisiert häufig Gott selbst. Zwei einander umfassende Hände stehen für Treue und Verbundenheit.

Herz

Das Herz als Zentrum des Lebens und Sitz der Seele ist das Symbol der Liebe zwischen den Menschen und zwischen Mensch und Gott, einer Liebe, die immerwährend ist.

Kerze

Brennende Kerzen werden oft gleichgesetzt mit der menschlichen Seele. Erloschene Kerzen sind ein Sinnbild der Vergänglichkeit. Kerzen werden auch zum Gedenken an die Toten angezündet.

Kranz

Der Kranz als geschlossener Kreis drückt aus, dass das Leben mit dem Tod nicht zu Ende ist. So ist er zum Versprechen auf ein ewiges Leben geworden und dadurch auch ein Trost für die Hinterbliebenen und ein Zeichen der Verbundenheit.

Worte und Symbole, Hoffnung und Erinnerung, Zeichen des Glaubens und Spuren des Lebens – auf vielerlei Weise setzen Grabsteine den Toten ein sehr persönliches Denkmal. Kreuz und Herz, Hand und Schiff werden häufig dargestellt und von allen Betrachtern verstanden.

Kreuz

Kein anderes Zeichen ist auf Friedhöfen so häufig zu finden wie das Kreuz. Bis zum Mittelalter war es als Schandzeichen verpönt, wies es doch auf den Kreuzestod Christi hin. In den darauffolgenden Jahrhunderten symbolisierte es die Überwindung des Todes. Heute ist es ein Synonym für den Tod. Das Kreuz ist nicht nur als Zeichen auf Grabsteinen zu finden, diese können auch selbst die Form eines Kreuzes haben.

Palmzweig

In der christlichen Kunst sind Palmzweige ein gängiges Märtyrerattribut. Christen und Juden gilt der Palmzweig als Symbol des ewigen Lebens und der Auferstehung.

Rose

Die Königin der Blumen mahnt zugleich an die Vergänglichkeit aller Schönheit. Daher ist sie auf Grabsteinen vor allem geknickt oder verwelkt zu sehen. Ihre Stacheln werden als Symbol für den Dornenkranz Christi verstanden.

Schiff

Häufig sind Schiffe auf Grabsteinen berufsbezogen und weisen darauf hin, dass darunter ein Kapitän oder Matrose begraben liegt. Sie können aber auch eine Metapher für die Reise ins Jenseits oder ein Bild für die christliche Kirche sein.

Schmetterling

Das Wunder seiner Wandlung von der Raupe über die leblos wirkende Puppe zu zarter neuer Schönheit macht den Schmetterling zum Hoffnungsträger des Menschen in Bezug auf die eigene seelische Wandlung.

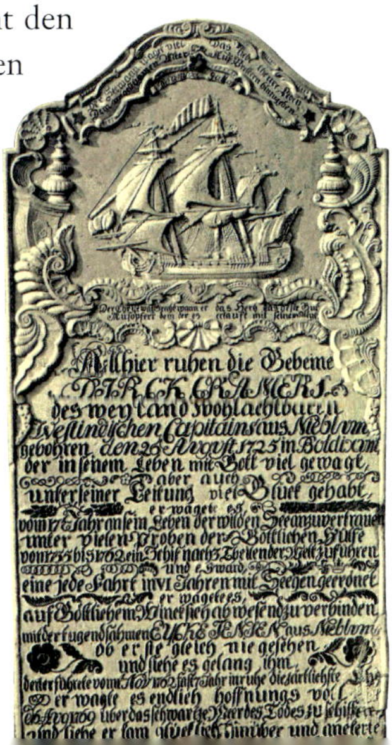

OBEN *Eine Skulptur auf dem Melaten-Friedhof in Köln zeigt den Tod als König in seinem Reich. Mit Sanduhr und Sense demonstriert er seine Macht.*

Seifenblasen
Schön, schillernd und von einem Moment auf den anderen zerplatzend – so wurden Seifenblasen zum Sinnbild für die Hinfälligkeit des Lebens und die Plötzlichkeit des Todes.

Sichel
»Es ist ein Schnitter, heißt der Tod«, lautet die erste Zeile eines Volkslieds aus dem 17. Jahrhundert. Wie die Sense ist auch der Tod als Schnitter noch immer auf Grabsteinen zu finden.

Totenkopf
Er ist als Todessymbol schlechthin auf Grabsteinen, Grabmälern und Steinsärgen abgebildet, aber auch in Grafik und Malerei häufig anzutreffen. Früher war es üblich, eine Putte und einen Totenkopf – Leben und Vergänglichkeit – einander gegenüberzustellen.

Uhr
Uhren, vor allem Sanduhren, stehen für das Verrinnen der Zeit und die Vergänglichkeit des menschlichen Lebens.

Vogel
Der Vogel kommt bei seinem Flug dem Himmel ganz nah und steht für die Seele, die den Körper verlässt. Die Taube symbolisiert auch den Heiligen Geist.

EPITAPH AUF DIE VERFASSERIN

Hier liegt M. K., umrauscht von einer Linde.
Ihr »letzter Wunsch«: Dass jeglicher was finde.
– Der Wandrer: Schatten, und der Erdwurm: Futter.
Ihr Lebenslauf: Kind, Weib, Geliebte, Mutter.
Poet dazu. In Mußestunden: Denker.
An Leib gesund. An Seele sichtlich kränker.
Als sie verschied, verhältnismäßig jung,

Glaubte sie fest an Seelenwanderung.
– Das erste Dasein ist die Skizze nur.
Nun kommt die Reinschrift und die Korrektur. –
Sie hatte wenig, aber treue Feinde.
Das Gleiche, wörtlich, gilt für ihre Freunde.
– Das letzte Wort behaltend, bis ans Ende,
Schrieb sie die Grabschrift selber. Das spricht Bände.

MASCHA KALÉKO

DER GRIFFEL GOTTES

In Polen war eine Gräfin von P…, eine bejahrte Dame, die ein sehr bösartiges Leben führte und besonders ihre Untergebenen durch ihren Geiz und ihre Grausamkeit bis auf das Blut quälte. Diese Dame, als sie starb, vermachte einem Kloster, das ihr die Absolution erteilt hatte, ihr Vermögen; wofür ihr das Kloster auf dem Gottesacker einen kostbaren, aus Erz gegossenen Leichenstein setzen ließ, auf welchem dieses Umstandes, mit vielem Gepränge, Erwähnung geschehen war. Tags darauf schlug der Blitz, das Erz schmelzend, über den Leichenstein ein und ließ nichts als eine Anzahl von Buchstaben stehen, die, zusammen gelesen, also lauteten: Sie ist gerichtet! – Der Vorfall (die Schriftgelehrten mögen ihn erklären) ist gegründet; der Leichenstein existiert noch, und es leben Männer in dieser Stadt, die ihn samt der besagten Inschrift gesehen.

HEINRICH VON KLEIST

GRABSCHRIFT

Der Philosoph einem Schurken

Er war ein Schuft. Warum es nicht bekennen?
Wir haben ihm so wenig zu verzeihn
wie jenen zu erhöhn, den Held wir nennen.
Ein jeder war nur, der er musste sein.

CHRISTIAN MORGENSTERN

ZUVERSICHT DER UNSTERBLICHKEIT

Zum neuen Leben ist der Tote hier erstanden,
Das weiß und glaub ich festiglich.
Mich lehrens schon die *Weisen ahnden*,
Und *Schurken überzeugen* mich.

FRIEDRICH SCHILLER

LEBENSGESCHICHTEN AUF GRABSTEINEN

Auf diesem Friedhof erzählen die Steine Geschichten. Nicht nur Namen und Alter der Verstorbenen sind darauf festgehalten. Auch die Zahl der Kinder, der Beruf und manchmal sogar der Werdegang sind genauestens vermerkt: »21 Jahr zur See gefahren, nachher die Landwirtschaft mustergültig betrieben.« Die Seeleute der Insel Amrum ruhen seit dem 17. Jahrhundert unter den reich verzierten Steinen auf dem St.-Clemens-Friedhof des Dorfes Nebel – Walfänger, Harpuniere, Speckschneider, Steuerleute und Matrosen. Ein Schiffssymbol auf jedem Stein gibt zusätzliche Auskunft: Bei Kleinschiffern wurde ein Küstenboot eingemeißelt, bei Grönlandfahrern ein dreimastiges Segelschiff.

DEM ACKERMANN

Flach bedecket und leicht den goldenen Samen die Furche,
Guter! die tiefere deckt endlich dein ruhend Gebein.
Fröhlich gepflügt und gesät! Hier keimet lebendige Nahrung,
Und die Hoffnung entfernt selbst von dem Grabe sich nicht.

JOHANN WOLFGANG VON GOETHE

GRABSCHRIFT AUF DEN WINDMÜLLER JACKSON

Hier liegt der Müller Jackson!
Er lebte vom Winde mit lieben Weib und Knaben;
Es leben auch sonst noch viele davon,
Die keine Mühle haben.

MATTHIAS CLAUDIUS

GRABSCHRIFT

»Er war ein Bäcker«

Wenn einst der schwarze Ochse ›Tod‹
das Blümlein frisst, das meinen Namen
im bunten Beet des Lebens trägt,
dann schreibt in meinen Grabstein-Rahmen:
Er war ein Bäcker; doch sein Brot,
das heut die Konkurrenten schlägt,
war gestern noch zu frisch den Zarten.
(Man weiß, dass sich schon manche Damen
an warmem Backwerk übernahmen.)
Der Bäcker war zu stolz zu warten.
Er schloss Geschäft und Leben. Amen.

CHRISTIAN MORGENSTERN

LINKS *»Es kann die Spur von meinen Erdentagen nicht in Äonen untergehen«, lässt Goethe seinen Faust sagen. Grabschriften zeugen vom Willen der Menschen zur Permanenz; wenigstens im Wort lebt der Dahingegangene weiter. Grabstein in Nebel auf der Nordfriesischen Insel Amrum.*

GRABINSCHRIFT EINES KOCHS

Wie wird die Welt doch überall verkehret.
Hier hat ein Koch im Grabe seine Ruh,
Der mancherlei von Speisen richtet zu.
Jetzt haben ihn die Würmer roh verzehret.

MARTIN OPITZ

GRABSCHRIFT EINES GEHENKTEN SEILERS

Was diesen Leib erhält, kann oft den Leib verderben;
Ich lebte von dem Strick und musst am Strick ersterben.

ANDREAS GRYPHIUS

GRABSCHRIFT

Als Knabe verschlossen und trutzig,
Als Jüngling anmaßlich und stutzig,
Als Mann zu Taten willig,
Als Greis leichtsinnig und grillig! –
Auf deinem Grabstein wird man lesen:
Das ist fürwahr ein Mensch gewesen!

JOHANN WOLFGANG VON GOETHE

SEIFENBLASEN

Ich ging durch schwere Mitternacht;
Ins Gestern sank verloren
Die ewig-alte Menschenschlacht,
Eh neu der Tag geboren.

Der Dämmer rang, die Wolke wich,
Die Aussicht wurde heller.
Schon pflügt, der letzte Stern verblich,
Der erste Flurbesteller.

Ich sah ein lang Gemäuer stehn
Nicht weit von meinem Gange
Und eilte mich, es anzusehn,
In neugierigem Drange.

Das Tor klafft auf, ich trete ein:
Acht Särge, Leere, Stille,
Senkrecht, in Richtung, scharf zu zwein,
Wie ein versteinter Wille.

Ein neunter nur stand vorn allein,
Ein Särglein, schmal, für Kinder;
Der wollte wohl der Herold sein
Der Todesüberwinder.

OBEN *Caspar David Friedrich malte sein Bild* Kügelgens Grab *zur Erinnerung an seinen Freund Gerhard von Kügelgen, der von einem Raubmörder erschlagen worden war.*

Die Särge waren ohne Gruß,
Bar aller Liebesgabe.
Bloß auf dem neunten steht am Fuß
Ein kleiner nackter Knabe.

Aus Marmor. Zart hält seine Hand
Ein Kalkrohr unterm Näschen;
Darauf, aus dünnstem Glas gebrannt,
Wölbt sich ein Seifenbläschen.

Im Bläschen spiegelte sich klar
Die junge Morgenröte.
Ein täuschend Bild, das sonderbar
Mein Schauern noch erhöhte.

DETLEV VON LILIENCRON

KINDERTOTENLIED

Ich war gewohnt, euch etwas mitzubringen,
Und ihr, mitbringen etwas euch zu lassen.
So nehmt die Blumen hier, die ersten blassen,
Die diesem mir betrübten Lenz entspringen!
Wohl pflegtet ihr entgegen sonst zu springen;
Das, weiß ich, muss ich diesmal euch erlassen.
Streckt wenigstens die Händchen aus zum Fassen!
Könnt ihr sie nicht der schweren Deck' entringen?
Ich will die Gab' euch auf die Decke legen,
Und denken doch, ihr habt sie angenommen;
Gebt mir ein Zeichen nur, es auszulegen!

LINKS UNTEN *Ein* Kinderbegräbnis *ist auf dem Ölbild von Albert Anker zu sehen. Der Schweizer Maler, der einen Schwerpunkt auf die Darstellung der kindlichen Welt legte, verlor zwei seiner sechs Kinder durch einen frühen Tod.*

Die Sonn' ist hoch in Wolken angeglommen,
Ein heller Blick sagt mir von euretwegen,
Dass ihr der Mutter Gaben heißt willkommen.

FRIEDRICH RÜCKERT

AUF MEINES KINDES TOD

Dort ist so tiefer Schatten,
Du schläfst in guter Ruh,
Es deckt mit grünen Matten
Der liebe Gott dich zu.

Die alten Weiden neigen
Sich auf dein Bett herein,
Die Vöglein in den Zweigen
Sie singen treu dich ein.

Und wie in goldnen Träumen
Geht linder Frühlingswind
Rings in den stillen Bäumen –
Schlaf wohl, mein süßes Kind!

JOSEPH VON EICHENDORFF

DAS TOTENHEMDCHEN

Es hatte eine Mutter ein Büblein von sieben Jahren, das war so schön und lieblich, dass es niemand ansehen konnte, ohne ihm gut zu sein, und sie hatte es auch lieber als alles auf der Welt. Nun geschah es, dass es plötzlich krank ward und der liebe Gott es zu sich nahm; darüber konnte sich die Mutter nicht trösten und weinte Tag und Nacht. Bald darauf aber, nachdem es begraben war, zeigte sich das Kind nachts an den Plätzen, wo es sonst im Leben gesessen und gespielt hatte; weinte die Mutter, so weinte es auch, und wenn der Morgen kam, war es verschwunden. Als aber die Mutter gar nicht aufhören wollte zu weinen, kam es in einer Nacht mit seinem weißen Totenhemdchen, in welchem es in den Sarg gelegt war, und mit dem Kränzchen auf dem Kopf, setzte sich zu ihren Füßen auf das Bett und sprach: »Ach, Mutter, höre doch auf zu weinen, sonst kann ich in meinem Sarge nicht einschlafen; denn mein Totenhemdchen wird nicht trocken von deinen Tränen, die alle darauf fallen.« Da erschrak die Mutter, als sie das hörte, und weinte nicht mehr. Und in der andern Nacht kam das Kindchen wieder, hielt in der Hand ein Lichtchen und sagte: »Siehst du, nun ist mein Hemdchen bald trocken, und ich habe Ruhe in meinem Grab.« Da befahl die Mutter dem lieben Gott ihr Leid und ertrug es still und geduldig, und das Kind kam nicht wieder, sondern schlief in seinem unterirdischen Bettchen.

JACOB UND WILHELM GRIMM

Mit unseren Eltern begraben wir die Vergangenheit, mit unseren Kindern die Zukunft.

MARIE VON EBNER-ESCHENBACH

EIN ALLZU FRÜHER TOD

Engelgottesacker

So hießen früher in Bayern die Begräbnisplätze für ungetaufte Kinder. Auf dem Friedhof von Ramsau ist eine solche Stätte erhalten. Nicht nur im Süden Deutschlands wurden diese Säuglinge getrennt von anderen Verstorbenen begraben. Oft war ihr Platz auf der »Schadseite«, dem Norden des Friedhofs im Bereich der Dämonen, oder ganz außerhalb der Kirchhofmauern. In manchen Fällen wurden sie auch unter der Dachtraufe der Kirche beerdigt mit der Begründung, wenn der Pfarrer das Taufwasser segne, werde alles Wasser in und an der Kirche zu Taufwasser, und so werde das Kind in der Erde getauft.

Schmetterlingsfriedhöfe

Ein Kreis aus zwölf Steinen – eine Uhr ohne Zeiger –: so wird auf dem Chemnitzer Hauptfriedhof der Kinder gedacht, die keine gelebte Zeit hatten. Frühgeburten, Fehlgeburten und andere, die, wie es amtssprachlich heißt, »nicht bestattungspflichtig« sind, finden in immer mehr Städten einen Platz auf den Friedhöfen, an dem ihre Eltern trauern können. Häufig werden diese Grabfelder Schmetterlingsfriedhöfe genannt. Denn wie kaum ein anderes Symbol verbinden sich im Symbol des Schmetterlings Trauer und Hoffnung.

OBEN *Zart wie ein Hauch und doch unvergänglich: Schmetterling, Veilchen und Vergissmeinnicht, auf Stoff geprägt als Zeichen der Hoffnung.*

IN UNGEWEIHTER ERDE

OBEN *Ein Bild der Verzweiflung:* Am Grab des Kindes *von Benjamin Vautier.*

Die Dorfstraße von Erlbach lag still und verlassen; die Menschen hatten keine Zeit zum Spazierengehen, und die Hühner liefen als kluge Tiere um die Scheunen herum, wo sie manches Weizenkorn fanden.

Einige Gänse saßen am Weiher, streckten die Hälse und stießen laute Schreie aus; das taten sie, weil sich die Türe eines kleinen Hauses öffnete und zwei Männer heraustraten.

Der vordere trug einen Pickel auf der Schulter, der andere eine Schaufel, und sie gingen gegen die Kirche zu, in den Friedhof.

Die eiserne Gittertür kreischte und fiel klirrend ins Schloss. Nun konnte es jeder wissen, dass die beiden Totengräber waren und dass an diesem schönen Tage, mitten im dem emsigen Leben, ein Mensch gestorben war.

Die zwei blieben nicht im Friedhof, sie stiegen über die niedrige Mauer und fingen neben derselben in einem verwahrlosten, kleinen Grasflecke zu graben an.

Das war ungeweihte Erde, in die man Selbstmörder und ungetaufte Kinder legt. Es hatte sich aber kein Erlbacher selbst entleibt, sondern das neugeborene Kind des Schullerbauern Andreas Vöst war unter den Händen der Hebamme gestorben.

Diese Person hatte nicht die Geistesgegenwart, sogleich die Nottaufe zu vollziehen; die Mutter war bewusstlos, und sonst war niemand anwesend, denn alle Hände waren zur Arbeit aufgeboten.

So geschah es, dass die kleine Vöst nicht in den Schoß der heiligen Kirche gelangte und als Heidin nach einem viertelstündigen Leben verstarb.

Ich weiß nicht, ob der liebe Gott den unchristlichen Zustand eines Kindleins so hart beurteilt wie seine Geistlichen, aber das Eine ist gewiss, dass es nicht in geweihter Erde ruhen darf, worein nur Christen liegen; darunter manche sonderbare.

LUDWIG THOMA

KEIN PLATZ AUF DEM KIRCHHOF

Ein rechtschaffenes Leben ohne Straftaten zu führen – das reichte in früheren Jahrhunderten nicht aus, um sich einen Platz auf dem Kirchhof zu sichern. Nicht nur Gewaltverbrechern, Selbstmördern, Exkommunizierten und Sündern wie Wucherern oder Dirnen wurde ein sogenanntes ehrliches Begräbnis verwehrt. Auch manche Berufsgruppen galten als unehrlich, und wer ihnen angehörte, erhielt kein Grab in geweihter Erde. Dazu zählte das fahrende Volk mit seinen Spielleuten, Kesselflickern und Hausierern. Betroffen waren jedoch auch – mit regionalen Unterschieden – Müller, Töpfer, Weber, Gerber, Schäfer, Bader, Barbiere, Zöllner oder Türmer. Und nicht nur der Gassenkehrer, der Abdecker und der Scharfrichter waren ausgeschlossen – auch der Totengräber wusste, dass für ihn niemand eine Grube auf dem Kirchhof ausheben würde.

DIE ARMESÜNDERBLUM

Am Kreuzweg wird begraben
Wer selber sich brachte um;
Dort wächst eine blaue Blume,
Die Armesünderblum.

Am Kreuzweg stand ich und seufzte;
Die Nacht war kalt und stumm.
Im Mondschein bewegte sich langsam
Die Armesünderblum.

HEINRICH HEINE

SPIELMANNS GRAB

Einen Spielmann haben sie verscharrt
Hinten an der Kirchhofsecke,
An des Schinders Anger hart,
Dass er keinen Bürger wecke.

Abendwind streicht übers Grab,
Betend sich die Ulmen neigen,
Auf der Höhe spielt der Knab
Sich ein Lied auf seiner Geigen.

Melodien ins Weite schweben,
Durch den Wind verloren hin,
Um das Abendrot sie weben,
Nach der Sonne die Klänge ziehn.

GEORG HEYM

FRIEDHOF DER NAMENLOSEN

Niemand weiß, woher sie kamen. Keiner kann sagen, wie sie hießen. Oder warum sie im Wasser ihren Tod fanden. Irgendwann hat die See sie angespült an den Strand von Helgoland, wo sie auf dem Friedhof der Namenlosen zur letzten Ruhe gebettet wurden. »Ihr Namenlosen im weißen Sand, den Nordseewogen umbranden / wie kamt ihr hier an diesen Strand, aus welchen fernen Landen?« – die Frage auf dem Gedenkstein eint alle, die an dem melancholischen Ort unter schlichten Kreuzen liegen. Viele solcher Friedhöfe gab es auf den Inseln und in den Hafenstädten.

Der berühmteste Friedhof für unbekannte Tote liegt jedoch nicht am Meer, sondern an der Donau, und zwar in Wien, hinter den Anlagen des Alberner Hafens. Sechshundert Tote, die der Fluss über Jahrzehnte angeschwemmt hat, sind hier begraben. Am ersten Sonntag nach Allerseelen gedenken die Mitglieder des Arbeiter-Fischer-Vereins dieser Verstorbenen mit einer Zeremonie. Sie lassen ein selbstgebautes Floß ins Wasser, reich mit Blumen und Kerzen geschmückt. »Den Opfern der Donau« ist darauf zu lesen. Hunderte von Menschen finden sich an diesem Tag auf dem Friedhof ein. Wenn dann auf allen Gräbern Kerzen brennen, wenn der Pfarrer eine Gedenkpredigt hält und Musik erklingt, dann weiß jeder: Die namenlosen Toten sind nicht vergessen.

EMILIENS GRAB

Aus Langerweile, im fremden Ort,
Ging ich über den Kirchhof fort,
Sah mir ein Kreuzchen an, einen Stein,
Manch seltsam Sprüchlein von Sterben und Sein,
Und ließ mir zuflüstern von den Zypressen,
Dass hier alles längst, längst vergessen.
Emiliens Grab – da blieb ich stehn,
War nichts andres drauf zu sehn,
Weder Bibelwort, Zeit, noch Familienname,
Nur einzig stand darauf, wie eine Brosame:
    Emiliens Grab.
Das fiel mir auf und ging mir ins Blut;
Mein Gott, wer war sie, die hier ruht?
Das Gras, die Frühlingsblumen, die Bienen,
War alles so froh von der Sonne beschienen.

UNTEN *Auf Friedhöfen blüht das Leben besonders üppig: Bienen und Blumen, dargestellt in* Brehms Tierleben.

Tod und Vergänglichkeit sind wie auf seinem Bild Eule am Grab *häufige Motive in Caspar David Friedrichs Werk. »Um ewig einst zu leben, muss man sich oft dem Tod ergeben«, erklärte der Maler.*

Doch hatte niemand den Platz gepflegt;
Alles wucherte, ungehegt.
Nichts konnte auf dem Grabe prunken,
Selbst die Einfassung morschte versunken.
Ich ging meiner Wege am Friedhofsrand,
Als ich endlich ein steinalt Mütterchen fand.
»Was ist denn das dort mit der Emilie?
Der Nachname fehlt ja; wie hieß die Familie?«
Ja, Herr, das ist wer weiß wie viel Jahre;
Ich stand an ihrer Totenbahre.
War ein jung Ding, einfacher Leute Kind,
Doch wie sie dann alle leichtgläubig sind:
Kam ein fremder Mann angegangen,
Hat sie in seine Netze gefangen,
Versprach ihr, sie auf sein Schloss zu bringen,
Er sei reich und könn ihr alles erschwingen.
Und hat sie geheiratet. Dann zogen sie fort,
Fern weg an den Rhein; da ist sie verdorrt.
War alles Schwindel, war alles erlogen,
Er hat sie in seinen Schmutz gezogen.
Hat sie verlassen. Und sie kam wieder
Und brach am Haus ihrer Mutter nieder,
Ist schnell gestorben aus Elend und Gram,
Konnte nicht länger ertragen die Scham.
Die Mutter, von Hass und Wut ganz besessen,
Wollt ihres Eidams Namen vergessen,
Hat ein Kreuz ihr gesetzt, als sich das begab,
Steht weiter nichts drauf als:
Emiliens Grab.

DETLEV VON LILIENCRON

GRABSCHRIFT MARIANNAE GRYPHIAE

seines Brudern Pauli Töchterlein

Geboren in der Flucht, umringt mit Schwert und Brand,
Schier in dem Rauch erstickt, der Mutter herbes Pfand,

Des Vaters höchste Furcht, die an das Licht gedrungen,
Als die ergrimmte Glut mein Vaterland verschlungen.
Ich habe diese Welt beschaut und bald gesegnet,
Weil mir auf einen Tag all Angst der Welt begegnet.
Wo ihr die Tage zählt, so bin ich jung verschwunden,
Sehr alt, wofern ihr schätzt, was ich für Angst empfunden.

ANDREAS GRYPHIUS

FERNES GRAB

Zwischen Felsen ein Block auf ein Loch gerollt.
In dem Loch vermodert Gebein.

Unten am Südhang, wo die Brandung tollt,
Mag einmal ein Schiff gestrandet sein.
Um den Block ist ein Anker gekettet.
Der darunter so rau gebettet
Liegt, war vielleicht der Kaptein.

»Denen, so es sehen, ein Trost, denen, so es nicht sehen, ein Kreutz«, schrieb Caspar David Friedrich über sein Gemälde Das Kreuz an der Ostsee.

Es müssen doch treue Männer gewesen
Sein, die den Anker trugen, den Felsblock rollten,
Zwei Buchstaben meißelten, kaum noch zu lesen.
Sie deuten dem Fremdling wenig Sinn.

Wenn wirklich noch Freunde des Toten leben sollten,
Wer von ihnen käme wieder dorthin?!
Nah am Meer, doch weit vom Verkehr,
Ein Grab am fernen Gestade.
Wenn du es fändest, wüsstest du: Keiner mehr
Lebt oder weiß noch von jener Ballade.

Fernes Grab.
Gott weiß, was sich dort damals begab.

JOACHIM RINGELNATZ

Die Heldenverehrung früherer Zeit ist nach zwei Weltkriegen großer Trauer über den frühen Tod von Millionen junger Männer gewichen. Soldatenfriedhof in Lothringen (Postkarte, um 1915).

ALLEMAND INCONNU

Der Eingang ist nichts als eine Öffnung in der Hecke, die rings um den Kirchhof geht. (…) Und nun dieser Eindruck: Kreuz an Kreuz! Bei manchen war das ursprüngliche größere Holzkreuz, verwittert schon, herübergenommen, meist aber waren es niedere gelbe Holzkreuzchen. Ein kleines Blech in der Mitte trug den Namen und die Nummern. So fanden wir unser Grab, es liegt da, wo ich den Punkt gemacht habe. Wir schnitten von einem blühenden Heckenrosenstrauch drei Röschen ab und steckten sie am Kreuz in die Erde. Sein Letztes liegt da in einem Reihengrab, keine Hügel sind abgetrennt, nur ziemlich eng aneinander die gleichmäßigen Kreuzchen. So ist der ganze Friedhof, meist die nackte gelbe Erde. Wo hier und da Anverwandte Blumen gepflanzt haben, sind es meist wilde Rosen und das ist so schön, die überdecken und überwölben das Grab und gehen noch auf die Nachbargräber über, die kein Mensch pflegt, denn rechts und links, mindestens die Hälfte, tragen die Aufschrift: Allemand inconnu …

KÄTHE KOLLWITZ

VERSCHOLLEN

»Verschollen ist, wessen Aufenthalt während längerer Zeit unbekannt ist, ohne dass Nachrichten darüber vorliegen, ob er in dieser Zeit noch gelebt hat oder gestorben ist (…).«

Für tot erklärt werden kann nach dem Verschollenheitsgesetz eine erwachsene Person zehn Jahre nach dem letzten Lebenszeichen, über Achtzigjährige nach fünf Jahren, verschollene Soldaten ein Jahr nach Kriegsende, bei einem Schiffsuntergang Verschollene nach sechs Monaten, bei einem Flugzeugabsturz Verschollene nach drei Monaten.

VERMISST, VERSCHLEPPT, VERSCHOLLEN

Es gab kein Grab.
Das war das Schlimmste.
Kein Ort nirgends
für Trauer
und Erinnerung.

Vermisst, verschleppt, verschollen.
Totschlagworte
für jeden Abschied
und jeden Neuanfang.
Ortlos und zeitlos war dieser Schmerz.

Vermisst, verschleppt, verschollen.
Wo denn sollten wir trauern?
Und wie?
Nicht tot warst du
und nicht lebendig.

So haben wir dich
mit den Jahren
eingesargt,
mumifiziert im Milchglas
erfrorener Trauer
und versteinerter Hoffnung.
Kein Schrei, kein Schluchzen
drang aus dem Haus der Vaterlosen.

Auf Zehenspitzen schlichen wir
um die erstarrte Mutter herum.
Leise, leise!
Mach ihr keinen Kummer!
Rühre, rühre nicht daran!
Nicht an die Schmerzen,
nicht an die Freuden
und nicht
an die Schuld.

Du wurdest zum Phantom.
Nicht tot
und nicht lebendig.
Es gab kein Grab.
Das war das Schlimmste.

DAGMAR SCHERF

LEBENDIG BEGRABEN

Ein Zettel neben seinem Bett sollte ihn vor einem schrecklichen Schicksal bewahren: »Ich bin nur scheintot!«, hatte Hans Christian Andersen darauf geschrieben. Wie viele seiner Zeitgenossen hatte der Märchendichter Angst davor, lebendig begraben zu werden. Bei ihm ging sie so weit, dass er anordnete, ihm sollten nach seinem Tod sicherheitshalber die Pulsadern geöffnet werden. Andere, wie die österreichischen Dichter Johann Nestroy und Arthur Schnitzler, verfügten den Herzstich mit einem Stilett, um auf Nummer sicher zu gehen. Auch wenn diese Angst heute hysterisch wirkt, so gab es dafür nachvollziehbare Gründe. Im 19. Jahrhundert fehlte es in der Medizin an Methoden, um eindeutig festzustellen, ob ein Mensch tatsächlich tot war. Einen Spiegel vor den Mund oder eine brennende Kerze vor die Nase zu halten, das waren eher unzuverlässige Hilfsmittel. Notfahnen, Luftschläuche oder offene Särge mit Leitern sollten dem Begrabenen die Möglichkeit geben, zu überleben. Der evangelische Pfarrer Benjamin Georg Peßler aus Braunschweig pries 1798 seine Erfindung an: »Leicht anwendbarer Beystand der Mechanik, um Scheintodte beim Erwachen im Grabe auf die wohlfeilste Art wieder daraus zu erretten«.

UNTEN *Überwachungsanlagen für Scheintote wurden im 19. Jahrhundert wie auf dieser Konstruktionszeichnung hergestellt.*

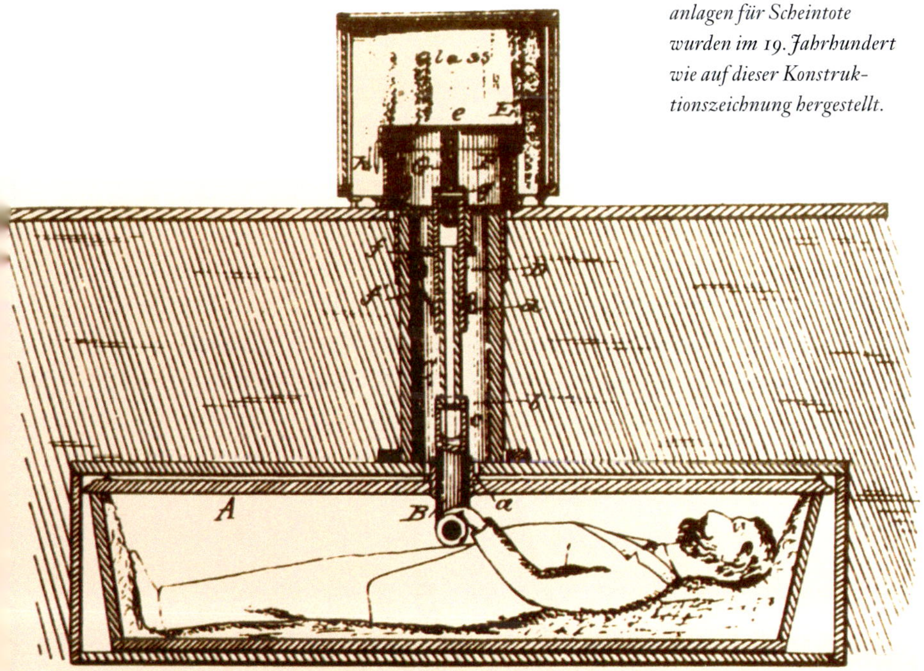

Die Angst, lebendig begraben zu werden, war auch ein wichtiger Grund für die Errichtung von Leichenhäusern. Hier wurden die Toten 48 Stunden von einem eigens dazu angestellten Wächter beobachtet. Jede kleinste Regung wurde ihm durch einen Rettungswecker sofort mitgeteilt. Die komplizierte Apparatur aus Schnüren, Rollen und Winden war am kleinen Finger der Verstorbenen befestigt; am anderen Ende befand sich im Raum des Leichenwächters eine schrille Klingel. Eine Vorkämpferin für die Einrichtung von Leichenhäusern war Friederike Kempner, durch ihre unfreiwillig komischen Gedichte als »schlesischer Schwan« bekannt geworden. Sie selbst wünschte sich zu ihrem 17. Geburtstag ein Leichenhaus im elterlichen Garten. Vater und Mutter mögen irritiert gewesen sein – den Wunsch aber erfüllten sie ihr.

Ein Leichenhaus, ein Leichenhaus,
Ruft er aus vollem Halse aus,
Wir wollen nicht auf bloßen Schein
Beseitigt und begraben sein!

FRIEDERIKE KEMPNER

DIE AUFERSTEHUNG DER FRAU RICHMODIS

Es war ein großes Sterben zu Köln und starben der Leute in der Stadt so viele, dass man große Kuhlen machte und sie dareinwarf. Zu der Zeit wohnte im Haus zum Papageien auf dem Neumarkt Herr Mengis von der Aducht mit seiner Frau Richmodis; die wurde auch krank und starb, wie man meinte. Man trug sie auf den Friedhof zu St. Aposteln, und ihr Mann, der sie sehr lieb hatte, ließ ihr den Trauring am Finger. Das hatte der Totengräber gemerkt und kam des Nachts, scharrte die Erde vom Grab wieder ab, tat die Lade auf und wollte der Frau den Ring vom Finger ziehen. Da begann sie zu seufzen und zu sprechen; der Totengräber, ganz entsetzt, ließ seine Laterne stehen und lief, was er konnte; die Frau aber richtete sich auf, nahm die Laterne und ging

Auferstehung einer Scheintoten aus dem Grabe im Jahre 1357 *lautet der Titel dieses Kupferstichs. Vor allem in Sagen wurde dieses Thema an vielen Orten in immer neuen Variationen aufgegriffen.*

geraden Schrittes auf ihr Haus zu. Der Mann und alle seine Leute schliefen schon lange, da schellte es. Das Gesinde sprang auf und fragte, wer da wäre. Da antwortete die Frau, sie wär es, sie sollten auftun und sie einlassen. Das Gesinde aber bekam große Angst und floh wieder zu Bett. Die Frau schellte wieder, niemand kam. Da schellte sie so oft und so lange, dass der Mann wach wurde und anfing, zornig das Gesinde zu rufen, warum es nicht aufstünde und nachsähe. Sie antworteten: »Lieber Herr, wir sind ja auf gewesen und haben gefragt, wer da wäre, und es hat uns gesagt, es sei unsere Frau und wir sollten sie einlassen.« »Ach«, sagte Herr Mengis, »das ist unmöglich; eher würden meine Schimmel oben auf dem Heuboden stehen.« Kaum hatte er das Wort ausgeredet, da trappelte es auf der Treppe und auf dem Boden, und wie er hinsah, standen die sechs Schimmel alle oben beisammen. Und unten schellte es noch mehr und mehr. Nun ging der Herr selbst mit einer Kerze hinunter und tat die Pforte auf, da stand seine Frau und sprach: »Ach lieber Hauswirt, erbarmst du dich nicht, dass ich so lange hab stehen müssen ausgeschlossen vor dem Haus, das doch unser beider ist von Gottes Gnade, und lässt mich so elendig erfrieren.« Der Mann erkannte ihre Stimme und umfing seine liebe Hausfrau und machte Feuer an und Kleider warm und wusste nicht, was er alles vor Freuden tun sollte.

Den anderen Tag aber schauten die Pferde noch aus dem Bodenloch, und man musste ein großes Gerüst anlegen, um sie wieder lebendig und heil herabzubringen. Der Frau Richmodis aber half Gott, dass sie wieder ganz stark und gesund wurde, und lebte danach lange Zeit rüstig und bekam noch drei Kinder. Zum Andenken dieser Geschichte hat man Pferde ausgestopft, die guckten aus dem Haus zum Boden heraus. Auch zeigte man in der Apostelkirche später lange einen leinenen Vorhang, den die Frau von der Aducht mit eigner Hand gesponnen und dahin verehrt hat, und in der Vorhalle, die jetzt schon lange nicht mehr steht, ein Bild, das die Geschichte der Frau Richmodis vorstellte; und noch lange ging in der Stadt die Redensart: er macht ein Gesicht wie der Totengräber in Sankt Aposteln.

GEDANKEN EINES LEBENDIG BEGRABENEN

Ei wie das kracht! – Abscheuliches Geroll
Von Schutt und Erde, polternden Gebeinen!
Ich kann nicht lachen und kann auch nicht weinen –
Es nimmt mich wunder, wie das enden soll!

Nun wird es still. – Sie trollen sich nach Haus
Und lassen mich hier sieben Fuß tief liegen;
Nun, Phantasie! Lass deine Adler fliegen,
Hier schwingen sie wohl nimmer mich heraus!

Das ist jetzt eine wunderliche Zeit!
Im dunklen Grab kein Regen und kein Rühren,
Indes der Geist, als Holzwurm, mag spazieren
Im Tannenholz – ist das die Ewigkeit?

Die Menschen sind ein lügnerisch Geschlecht,
Sie haben selbst den Erdboden belogen,
Den ernsten Moder schnöd mit mir betrogen –
Weh, dass die Lüge an sich selbst sich rächt!

Die Lügner gehn von hinnen ungestraft,
Ach, aber ich, die Lüge, ich muss bleiben,
Dass sich erbost der Tod an mir kann reiben,
In Tropfen trinkend meines Lebens Saft!

GOTTFRIED KELLER

UNTEN *Die Angst, lebendig begraben zu werden, schlug sich auch in den Werken von Dichtern und Malern nieder.*

FINSTER UND STUMM

Nocturno

Stürmisch ist die Nacht,
Kind im Grab erwacht,
Seine schwache Kraft
Es zusammenrafft.

»Machet auf geschwind!«
Ruft das arme Kind,
Sieht sich ängstlich um:
Finster ist's und stumm.

Überall ist's zu,
»Mutter, wo bist du?«
Stoßet aus den Schrei,
Horchet still dabei.

(...)

»Ach, man hört mich nicht,
Gott, ach nur ein Licht!«
Sieht sich nochmals um!
Finster bleibt's und stumm.

Stier und starr es tappt,
Und am Sarg es klappt,
Horch, da strömt sein Blut
Durch des Nagels Hut.

Aus dem warmen Quell
Sprudelt's rasend schnell:
Endlich stirbt das Kind,
Froh die Engel sind!

(...)

FRIEDERIKE KEMPNER

3. KAPITEL

Nimm Abschied und gesunde

VOM ESSEN ZWISCHEN TOD UND LEBEN

Essen und Trinken hält Leib und Seele zusammen, heißt es im Sprichwort. Selten ist das nötiger als direkt nach der Begegnung mit dem Tod bei einer Beerdigung. Deshalb ist es üblich, dass die Hinterbliebenen zu einem gemeinsamen Essen einladen. Was dabei serviert wird, variiert von Region zu Region. In Deutschland bittet man üblicherweise zu Kaffee, Kuchen und belegten Brötchen. Auch eine heiße Brühe wird häufig serviert. In der Schweiz gehören Fleischkäse und Salat, Wasser und Wein zum Leichenmahl. In Österreich reicht der Kirchenwirt Schnitzel oder Gulasch.

Trotz des traurigen Anlasses uferten die Feiern früher nicht selten aus, weshalb sie mehrfach verboten wurden. In einer Begründung für ein solches Verbot hieß es 1802, dass »bei Leichenbegängnissen armer Personen, deren Verlassenschaft kaum zur Bestreitung der Todtenbahre und anderer Funeralkosten hinreicht, doch ein Leichentrunk von mehreren Eimern Bier getrunken und gereicht, dann bei Leichenbegängnissen mehr vermöglicher Personen den ganzen Tag auf

LINKS *Sonnenuhr und Kranz, Zeit und Ewigkeit – ganz langsam wandelt sich die Trauer in dankbare Erinnerung.*

Kosten der Erben fortgetrunken, und anstatt des nur zur Labung der aus der Ferne kommenden Trauerpersonen bestimmten Trunkes, ein sittenverderbliches, schwelgerisches Trinkgelag gebildet wird«.

BEERDIGUNGSKUCHEN

Zutaten für ein Backblech (zirka 16 Stücke):

Für den Boden:
½ Würfel Hefe
1 TL Zucker
gut 250 ml lauwarme Milch
60 g Margarine
500 g Mehl
40 g Zucker
1 Prise Salz

Fett für das Blech

Für die Streusel:
250 g Mehl
250 g gehackte Mandeln
150 g Zucker
250 g Margarine

❧ Für den Vorteig die Hefe zerbröseln und mit 1 TL Zucker in die Milch geben. Zudecken und an einem warmen Ort 10 Min. gehen lassen.

❧ Die Margarine zerlassen und mit Mehl, Zucker und Salz in eine Schüssel geben. Den Vorteig hinzufügen und die Zutaten mit dem Knethaken des Handrührers zu einem glatten Teigball kneten. Zugedeckt an einem warmen Ort zur doppelten Größe aufgehen lassen. Nochmals gut kneten.

❧ Den Teig ausrollen und das gefettete Backblech damit auslegen. Noch einmal 30-40 Min. gehen lassen.

❧ Für die Streusel alle Zutaten mit den Händen ineinanderkneten und zu Streuseln zusammendrücken. Die Streusel auf dem Teig verteilen.

❧ Den Kuchen im vorgeheizten Backofen bei 200–225 °C (Umluft: 180–200 °C) 25–30 Min. backen.

Stimmungsvoll, mitfühlend und mit einem Anflug von feinem Humor, so malte Benjamin Vautier 1866 sein Bild Der Leichenschmaus. *Das Zusammensein nach einer Beerdigung war früher einer der Höhepunkte des dörflichen Lebens.*

EIN BRAUCH VON ALTERS HER

Beerdigungskaffee
Besenknis
Flannerts
Kremmes
Leichenbier
Leichenmahl
Leichentrunk
Leichennimms
Leichenschmaus
Leichentrunk
Leidessen
Leidmahl
Nachfeier
Raue
Reueessen
Sterbkirmessen
Totenmahl
Trauerbrot
Tröster
Trostmahl
Umtrunk
Zehrung

Kaum waren sie auf dem Hof, wer lief ihnen über den Weg? Glumskopp, ein alter, zahnloser Knecht. Er lachte, dieser Mensch, von einem Ohr zum andern, rieb sich die Hände und ließ sich, in seiner mümmelnden Art, so vernehmen: »Ein Fest, hehehe, wir werden zu feiern haben ein Fest. Und es wird zu essen geben Heringe in Schmand.«

»Wer hat«, sagte Bogdan, »anberaumt dieses Fest?«

»Das Fest«, mümmelte Glumskopp, »hat anberaumt das liebe Gottchen, hehehe. Er hat sterben lassen die Alte, und er wird, wie ich ihn kenne, sorgen für ein angenehmes Begräbnis.«

Die Vettern schoben ihn höflich zur Seite und betraten das von Trauer heimgesuchte Haus. Es roch nach Braten und Gebackenem und Geräuchertem und wer weiß nicht was allem. Aber die Urmoneits überwanden sich und gingen selbander in die Stube. Gingen hinein und wurden, als besonders Leidtragende, gleich umringt von zahlreicher Trauergesellschaft, Hände streckten sich ihnen entgegen, Lippen beugten sich herab; man sprach vom Tantchen als einer zarten, lieblichen Nelke, man flüsterte leise und weinte geläufig, gab sich Trost, so viel man nötig hatte, und nahm an einem langen Tisch Platz.

Einer fehlt am Tisch. Sein Stuhl wurde entweder leer gelassen oder von seinem Nachfolger, meist dem ältesten Sohn, besetzt.

Die Vettern bemerkten, dass unter dem Fenster, noch von Tüchern verdeckt, die Instrumente einer Blaskapelle lagen: es war alles bereit. Gut. Aber erst einmal erhob sich Bogdan Urmoneit und sprach folgendermaßen: »Wir sollten«, sprach er, »ein ganz kleines Weilchen an den denken, der verschieden ist: unser Tantchen Arafa … noch etwas länger, wenn ich bitten darf … noch etwas … so, jetzt ist gut. Und nun frage ich: wo ist unser Tantchen?«

Derb, aber oft zutreffend: Die Redensart »das Fell versaufen« ist seit Jahrhunderten eine Umschreibung für den Leichenschmaus.

»Verschieden«, rief jemand von der Kapelle.

»Nein«, sagte Bogdan ernsthaft, »ich meine, wo ist ihr Leib?« – »Ihr Leib«, sprach ein einäugiger Förster, »ist nicht mehr zu besichtigen. Was sterblich ist an ihr: wir haben es gelegt in einen entsprechenden Sarg. Und den Sarg, damit mehr Platz ist im Haus, haben wir hochkant gestellt, gegen den Ofen. Da steht der Leib bequem.«

SIEGFRIED LENZ

ABDANKUNGSKÄSE

Abdankung – so lautet in der Schweiz eine Bezeichnung für Beerdigungen. In einigen Gebieten des Val d'Anniviers im Kanton Wallis sorgen die Menschen zu Lebzeiten kulinarisch für dieses Ereignis vor. Sie wählen einen Käselaib aus – manchmal zur

Hochzeit, manchmal schon zur Geburt eines Kindes – und lagern ihn ein, damit er in Ruhe und möglichst jahrzehntelang reifen kann. Beim Leichenmahl wird er zusammen mit jüngerem Käse gegessen. Eine symbolische Geste: Vergangenheit und Gegenwart gemeinsam auf dem Tisch.

ÜPPIGES ENDE

Gleich nach der Bestattung begann das große Tafeln. Nachdem Herzog Albrecht von Bayern im Jahre 1508 zu Grabe getragen worden war, begab sich die Trauergesellschaft um die Mittagszeit zu Tisch und erhob sich erst am nächsten Morgen wieder. 23 Gerichte, von denen jedes aus fünf oder noch mehr Platten bestand, waren in der Zwischenzeit serviert und verspeist worden. Unter den mindestens 115 Gängen waren auch höchst kunstvolle und sinnreiche Kreationen: So konnten sich die Hinterbliebenen mit Adam und Eva nebst Baum und Schlange, montiert aus Mor-

cheln, Pfifferlingen, Zucker und Mandeln, stärken, alle Tiere der Arche Noah in Oblatenform genießen oder sich Isaaks Opferung, den Turm von Babylon, David und Goliath, die Geburt Christi oder das Jüngste Gericht als Mandelmus, Marzipan oder Gemüsepaste einverleiben. In dieser Manier aß man sich langsam dem Höhepunkt des Leichenmahls entgegen, einer Nachbildung der Beerdigung aus Marzipan, Krapfen und Oblaten. Nichts war ausgelassen, weder das Grab mit allen Fahnen und Bannern des Landes noch der Verblichene selbst, ein auf dem Rücken liegender geharnischter Mann mit Panier, Schwert und Wappenschild. Da blieb wirklich nur noch Platz für den Nachtisch: die Enthauptung Johannes' des Täufers aus Gemüse und roter Soße.

TOTENBEINLI

Zutaten für ca. 150 Stück:

200 g geschälte Mandeln
125 g Butter
250 g Zucker
abgeriebene Schale von 1 kleinen Zitrone
4 Eier
½ TL Zimt
1 Msp. gemahlene Nelken
1 Prise Salz
50 g gemahlene Mandeln
500 g Mehl
1–2 Eiweiß je nach Größe der Eier

Die geschälten Mandeln in einer Pfanne ohne Fett rösten und abkühlen lassen.

Butter und Zucker cremig rühren. Abgeriebene Zitronenschale, Eier, Zimt, Nelken, Salz, gemahlene Mandeln und ganze Mandeln hinzufügen. Das Mehl nach und nach unterkneten.

Den Teig über Nacht ruhen lassen. Danach etwa 1 cm dick ausrollen und in fingerlange, fingerbreite Streifen schneiden. Diese mit Eiweiß bepinseln.

Die Beinli im vorgeheizten Backofen bei 180 °C (Umluft 160 °C) 10–15 Min. backen.

DIE ERSTE NACHT

Jetzt kommt die Nacht, die erste Nacht im Grab.
O, wo ist aller Glanz, der dich umgab?
In kalter Erde ist dein Bett gemacht.
Wie wirst du schlummern diese Nacht?

Vom letzten Regen ist dein Kissen feucht,
Nachtvögel schrein, vom Wind emporgescheucht,
kein Lämpchen brennt dir mehr, nur kalt und fahl
spielt auf der Schlummerstatt der Mondenstrahl.

Die Stunden schleichen – schläfst du bis zum Tag?
Horchst du wie ich auf jeden Glockenschlag?
Wie kann ich ruhn und schlummern kurze Frist,
wenn du, mein Lieb, so schlecht gebettet bist?

ISOLDE KURZ

TRAUERBÄNDER

Als sie gegangen war
es war nach der achten Stunde
und unter dem Schnee
ist geblieben die Welt
wie sie ist.

Die Kränze haben sich
lange gehalten in der Kälte
die nicht gehen will
wenn Frühling wird.

Wir kehren immer aufs neue zurück
wer aber käme noch heim.
ELISABETH BORCHERS

UNTEN *Wie viele seiner Bilder weist auch Caspar David Friedrichs* Friedhof im Schnee *auf die Einsamkeit und Vergänglichkeit des menschlichen Lebens hin.*

BERÜHMTE FRIEDHÖFE

Ohlsdorfer Friedhof: *Der Größte*

Erholungsraum, Kulturdenkmal und Bestattungsfläche – das alles ist der Ohlsdorfer Friedhof in Hamburg, der im Jahr 1877 eröffnet wurde. Nicht zuletzt aber ist er ein Friedhof der Superlative. 391 Hektar umfasst der größte Parkfriedhof der Welt. 17 Kilometer Straßennetz führen durch das riesige Areal. Gewundene Wege,

OBEN UND OBEN RECHTS
Ein Ruheplatz für alle Menschen, so war der Ohlsdorfer Friedhof gedacht. Hier sollten Arme und Reiche unabhängig von ihrer Konfession im Einzelgrab bestattet werden.

36000 Bäume und 15 Teiche – der Friedhof ist auch Hamburgs größte Grünanlage. Hier kann sich jeder nach seinen Wünschen bestatten lassen: Anlagen für zahlreiche Religionsgemeinschaften, Baumgräber, Kolumbarien (für oberirdische Urnenbeisetzungen) und viele Sonderanlagen wie die für Paare stehen zur Auswahl. 1990 machte der Friedhof durch die Aktion »Engel zu verschenken« von sich reden. Grabmalpaten übernahmen kostbare Grabmäler und ließen sie restaurieren, um sie vor dem Verfall zu schützen. Schon bald nach seiner Eröffnung galt der Friedhof als ein Gesamtkunstwerk von internationalem Rang. Auf der Weltausstellung in Paris im Jahr 1900 erhielt er einen Grand Prix.

Heiliger Sand: *Der Jüdische*

»Haus des Lebens«, »Ewiges Haus« oder »Guter Ort« – so werden die jüdischen Friedhöfe genannt. Rund zweitausend gibt es in Deutschland, der größte europaweit liegt in Berlin-Weißensee, der älteste, »Heiliger Sand«, in Worms in der Nähe des Doms. Ein

Grabstein aus dem Jahr 1076 lässt vermuten, dass dieser Friedhof wahrscheinlich gleichzeitig mit dem Bau der ersten Synagoge der Stadt im Jahr 1034 angelegt worden ist. Wer damals begraben wurde, ruht noch heute hier, denn auf jüdischen Friedhöfen werden die Gräber nur einmal belegt. Eines der berühmtesten unter den zweitausend Gräbern des Friedhofs beherbergt den Rabbi Meir von Rothenburg, genannt Mahram. Er starb im Jahr 1293 und wird bis heute als Märtyrer verehrt. Der Talmudgelehrte war von König Rudolf von Habsburg als angeblicher Anstifter einer Auswanderungswelle gefangengenommen worden. Er starb in der Haft, da er, um keinen Präzedenzfall zu schaffen, seinen Glaubensbrüdern verboten hatte, ihn mit Geld auszulösen. Erst 14 Jahre später kaufte sein Schüler Alexander Ben Salomo Wimpfen mit seinem ganzen Vermögen die Leiche frei. Der einzige Wunsch, den er damit verknüpfte, wurde ihm erfüllt: Er wurde neben dem verehrten Meister begraben.

UNTEN *Steine auf den Grabsteinen jüdischer Friedhöfe zeigen, dass der Tote nicht vergessen ist. Die Steine stehen – so eine der Erklärungen – dafür, dass an seinem Lebenswerk weitergebaut wird.*

Wiener Zentralfriedhof: *Der Prominente*

Wenn der Tod, wie es heißt, ein Wiener ist, dann ist sein Hauptwohnsitz der Wiener Zentralfriedhof. Nirgendwo jedenfalls befände er sich in besserer Gesellschaft. In über zweihundert Ehrengräbern haben berühmte Persönlichkeiten ihre letzte Ruhe gefunden. Hier ist jeder vertreten, der in der Politik, Kunst und Musik Rang und Namen hatte: Die Gräber der Komponisten Beethoven und Schubert, des Schlagersängers Falco und vieler anderer machen den Friedhof zum Magneten für Touristen aus aller Welt. Dabei hatte es anfangs gar nicht nach einer Erfolgsgeschichte ausgesehen. Der Friedhof war bei der Bevölkerung unbeliebt wegen der weiten Anfahrtswege und seiner wenig ansprechenden Gestaltung. So beschloss der Gemeinderat die Einrichtung der Ehrengräberan-

lage und begann damit, die sterblichen Überreste berühmter Persönlichkeiten von anderen Friedhöfen auf den Zentralfriedhof zu überführen. Durch seine Jugendstilbauwerke wurde er zusätzlich attraktiv. Längst sind die Wiener stolz auf ihre Stadt der Toten und drücken das auf eigene Weise aus: Der Wiener Zentralfriedhof, heißt es in einem geflügelten Wort, ist halb so groß wie Zürich, aber doppelt so lustig.

IN WEISSENSEE

Das aufgeschlagene Buch gilt wie bei dieser Friedhofsstatue einer lesenden Frau als ein Zeichen der Bildung und der Weisheit.

Da, wo Chamottefabriken stehn
– Motorgebrumm –
da kannst du einen Friedhof sehn,
mit Mauern drum.
Jedweder hat hier seine Welt:
ein Feld.
Und so ein Feld heißt irgendwie:
O oder I …
Sie kamen hierher aus den Betten,
aus Kellern, Wagen und Toiletten,
und manche aus der Charité
nach Weißensee,
nach Weißensee.

Wird einer frisch dort eingepflanzt
nach frommem Brauch,
dann kommen viele angetanzt –
das muss man auch.
Harmonium singt Adagio
– Feld O –
das Auto wartet – Taxe drei –
– Feld Ei –
Ein Geistlicher kann seins nicht lesen.
Und was er für ein Herz gewesen,
hört stolz im Sarge der Bankier
in Weißensee,
in Weißensee.

Da, wo ich oft gewesen bin,
zwecks Trauerei,
da kommst du hin, da komm ich hin,
wenns mal vorbei.
Du liebst. Du reist. Du freust dich, du –
Feld U –
Es wartet in absentia
Feld A.
Es tickt die Uhr. Dein Grab hat Zeit,
drei Meter lang, ein Meter breit.
Du siehst noch drei, vier fremde Städte,
du siehst noch eine nackte Grete,
noch zwanzig-, dreißigmal den Schnee –
Und dann:
Feld P – in Weißensee –
in Weißensee.

KURT TUCHOLSKY

Der jüdische Friedhof Berlin-Weißensee steht unter Denkmalschutz. Hier liegen Persönlichkeiten wie der Dichter Stefan Heym, der Verleger Samuel Fischer oder der Warenhausgründer Hermann Tietz begraben.

DER SALZBURGER KIRCHHOF

O schöner Ort, den Toten auserkoren
Zur Ruhestätte für die müden Glieder!
Hier singt der Frühling Auferstehungslieder,
Vom treuen Sonnenblick zurückbeschworen.

Wenn alle Schmerzen auch ein Herz durchbohren,
Dem man sein Liebstes senkt zur Grube nieder,
Doch glaubt es leichter hier: wir sehn uns wieder,
Es sind die Toten uns nicht ganz verloren.

Der fremde Wandrer, kommend aus der Ferne,
Dem hier kein Glück vermodert, weilt doch gerne
Hier, wo die Schönheit Hüterin der Toten.

Sie schlafen tief und sanft in ihren Armen,
Bis sie zu neuem Leben einst erwarmen,
Wann sie der Morgenruf vor Gott entboten.

NIKOLAUS LENAU

ST.-PETERS-FRIEDHOF

Ringsum ist Felseneinsamkeit.
Des Todes bleiche Blumen schauern
Auf Gräbern, die im Dunkel trauern –
Doch diese Trauer hat kein Leid.

Der Himmel lächelt still herab
In diesen traumverschlossenen Garten,
Wo stille Pilger seiner warten.
Es wacht das Kreuz auf jedem Grab.

Die Kirche ragt wie ein Gebet
Vor einem Bilde ewiger Gnaden,
Manch Licht brennt unter den Arkaden,
Das stumm für arme Seelen fleht –

Indes die Bäume blüh'n zur Nacht,
Dass sich des Todes Antlitz hülle
In ihrer Schönheit schimmernde Fülle,
Die Tote tiefer träumen macht.

GEORG TRAKL

SIEBEN KREUZE IN SALZBURG

Der Petersfriedhof in Salzburg am Abhang des Mönchsbergs ist einer der ältesten Friedhöfe im deutschsprachigen Raum. Hier gibt es Katakomben aus der Zeit der frühen Christenheit, und hier wurden schon vor mehr als 1300 Jahren die Mönche des Klosters St. Peter begraben.

Ein besonderer Anziehungspunkt für die Besucher ist eine Grabstätte mit sieben Kreuzen. Die sollen der

UNTEN *Glaubt man der Sage, dann verbirgt sich hinter diesem friedlichen Bild eine grausige Geschichte.*

Sage nach an die sieben Ehefrauen erinnern, die ein Salzburger vor langer Zeit auf grausame Weise aus der Welt schaffte. War er einer Ehefrau überdrüssig, wickelte er sie, so heißt es, fest in Decken ein und kitzelte sie zu Tode.

Die düstere Geschichte änderte nichts an der Anziehungskraft des Ortes. Im 19. Jahrhundert regte der schön gelegene Friedhof Dichter und Maler zu Kunstwerken an.

UM ZWÖLF UHR STEH'N DIE GEISTER AUF

Viele Jahrhunderte lang wurden Friedhöfe als unheimliche Orte angesehen, vor allem in der Nacht. Dann steigen die Toten aus den Gräbern und tanzen darauf, hieß es. Von den Lebenden wollen sie dabei nicht gestört werden. Darum sollte man Friedhöfe nachts nicht betreten. Das *Handwörterbuch des deutschen Aberglaubens* berichtet von vielen Gefahren. Einige hatten durchaus einen praktischen Hintergrund: So sollte die Warnung, etwas vom Friedhof mitzunehmen, wahrscheinlich auch Grabräuber abschrecken. Doch auch Unschuldige mussten mit Unheil rechnen:

Es ist gefährlich, etwas vom Friedhof mitzunehmen. Man muss dafür etwas zurücklassen, sonst kommt der Tote und holt sich das Weggenommene zurück.

Wenn man beim Gang über den Friedhof am Rock gezupft wird, stirbt man bald.

Wer auf dem Friedhof isst oder Brot bei sich trägt, dem fallen die Zähne aus.

Mit Kindern, die jünger sind als ein Jahr, darf man nicht auf den Friedhof gehen, sonst sterben sie.

Am Silvesterabend wandeln die Geister derjenigen auf dem Friedhof, die im kommenden Jahr sterben werden.

Vom Friedhof zu träumen bedeutet, dass der eigene Tod bevorsteht.

Wer über ein Grab springt, wächst nicht mehr.

DIE TOTENMETTE

OBEN *Wilhelm Leibl, Vertreter des Realismus in Deutschland, malte* Drei Frauen in der Kirche.

Oberhalb Schleusingen liegt die Totenkirche, vor ihr stehen uralte schöne Linden. Einstmals blieb eine Frau aus Schleusingen, welche bei einem Leichenbegängnis die Predigt mit angehört hatte und eingeschlafen war, in der Kirche sitzen und mochte ziemlich lange geschlafen haben. Als sie erwacht, ist es Nacht, und die Kirche ist voll Menschen; es wird Mette gehalten, und es summt ein leiser Gesang. Die Frau will mitsingen, kann aber wegen der Düsternis die Nummer nicht erkennen und rührt an ihre Nachbarin, sich die Nummer des Liedes zeigen zu lassen. Wie sie diese Nachbarin anblickt, hat dieselbe ein Gesicht wie eitel Spinnweben und ist eine ihr wohlbekannte längst verstorbene Frau. Diese erhebt ihre welke Totenhand, nur noch Gerippe, und zeigt mit dem gelben Fingerknochen auf das Lied – da erkennt die Frau Nummer und Buchstaben, es ist das Lied: O Ewigkeit, du Donnerwort. Die zum Tod erschrockene Frau kreischt vor Schreck laut auf, da schwinden mit einem Male die bleichen Schatten alle hinweg, und die Frau wankt zitternd nach der Türe und nach Hause, hat aber nicht gar lange mehr gelebt.

LUDWIG BECHSTEIN

DER FRIERENDE TOTE

In der Stolper Gegend waren einmal mehrere Bauern zum Kartenspielen zusammengekommen. Als es schon spät war, ging ihnen der Schnaps aus, und einer sollte nach dem Kruge gehen, um neuen zu holen. Weil keiner gehen wollte, ging die Tochter des Hauses, die sehr dreist war. Der Weg führte über den Kirchhof. Als sie dort ankam, sah sie jemand im weißen Hemde dastehen, und weil sie dachte, es wäre ein Bekannter, der sie einschüchtern wollte, rief sie ihm zu, er solle nur so lange stehen bleiben, bis sie zurückkomme; dann werde sie ihm das Hemde schon abziehen. Und wie sie nun zurückkehrte, zog sie ihm das Hemd auch wirklich ab und nahm es mit.

Zu Hause erzählte sie ihr Begebnis, und da sagte die Mutter gleich, sie habe einem Toten das Hemde abgezogen. In der Nacht um elf Uhr kam der Tote ans Fenster und bat um sein Hemd; denn ihm sei so kalt. Am zweiten Abend kam er wieder. Am dritten Tage ging die Mutter zum Prediger und bat ihn, der Tochter, die in der größten Angst sei, zu helfen. Der versprach es. Am Abend gingen nun zwei Prediger mit dem Mädchen zum Kirchhof. Da stand der Tote wieder, und das Mädchen musste ihm das Hemd wieder überziehen. Kaum aber hatte sie das getan, da verschwand sie plötzlich zwischen den beiden Predigern.

Der Tote hatte sie also wohl mitgenommen.

UNTEN *Kahle Bäume, eine verfallene Abtei – das ist der Boden, auf dem dunkle Schauergeschichten wachsen.*

DER TOTENTANZ

Der Türmer, der schaut zu mitten der Nacht
Hinab auf die Gräber in Lage.
Der Mond, der hat alles ins Helle gebracht,
Der Kirchhof, er liegt wie am Tage.
Da regt sich ein Grab und ein anderes dann:
Sie kommen hervor, ein Weib da, ein Mann,
In weißen und schleppenden Hemden.

Das reckt nun, es will sich ergötzen sogleich,
Die Knöchel zur Runde, zum Kranze,
So arm und so jung und so alt und so reich;
Doch hindern die Schleppen am Tanze.
Und weil hier die Scham nun nicht weiter gebeut,
Sie schütteln sich alle, da liegen zerstreut
Die Hemdelein über den Hügeln.

Nun hebt sich der Schenkel, nun wackelt das Bein,
Gebärden da gibt es vertrackte;
Dann klippert's und klappert's mitunter hinein,
Als schlüg man die Hölzlein zum Takte.
Das kommt nun dem Türmer so lächerlich vor;
Da raunt ihm der Schalk, der Versucher, ins Ohr:
Geh! hole dir einen der Laken.

Getan wie gedacht! und er flüchtet sich schnell
Nun hinter geheiligte Türen.
Der Mond, und noch immer er scheinet so hell
Zum Tanz, den sie schauderlich führen.
Doch endlich verlieret sich dieser und der,
Schleicht eins nach dem andern gekleidet einher,
Und husch! ist es unter dem Rasen.

Nur einer, der trippelt und stolpert zuletzt
Und tappet und grapst an den Grüften;
Doch hat kein Geselle so schwer ihn verletzt,
Er wittert das Tuch in den Lüften.
Er rüttelt die Turmtür, sie schlägt ihn zurück,
Geziert und gesegnet, dem Türmer zum Glück,
Sie blinkt von metallenen Kreuzen.

Das Hemd muss er haben, da rastet er nicht,
Da gilt auch kein langes Besinnen;
Den gotischen Zierrat ergreift nun der Wicht
Und klettert von Zinne zu Zinnen.

Nun ist's um den armen, den Türmer getan!
Es ruckt sich von Schnörkel zu Schnörkel hinan,
Langbeinigen Spinnen vergleichbar.

Der Türmer erbleichet, der Türmer erbebt,
Gern gäb er ihn wieder, den Laken.
Da häkelt – jetzt hat er am längsten gelebt –
Den Zipfel ein eiserner Zacken.
Schon trübet der Mond sich verschwindenden Scheins,
Die Glocke, sie donnert ein mächtiges Eins,
Und unten zerschellt das Gerippe.

JOHANN WOLFGANG VON GOETHE

HEUT IST BALL AUF DEM KIRCHHOF

»Die Jungfrau schläft in der Kammer,
Der Mond schaut zitternd hinein;
Da draußen singt es und klingt es,
Wie Walzermelodein.

Ich will mal schaun aus dem Fenster,
Wer unten stört meine Ruh.
Da steht ein Totengerippe,
Und fiedelt und singt dazu:

Hast einst mir den Tanz versprochen,
Und hast gebrochen dein Wort,
Und heut ist Ball auf dem Kirchhof,
Komm mit, wir tanzen dort.

Die Jungfrau ergreift es gewaltig,
Es lockt sie hervor aus dem Haus;
Sie folgt dem Gerippe, das singend
Und fiedelnd schreitet voraus.

Es fiedelt und tänzelt und hüpfet,
Und klappert mit seinem Gebein,
Und nickt und nickt mit dem Schädel
Unheimlich im Mondenschein.«

HEINRICH HEINE

LINKE SEITE *Dem Tod entgeht keiner: Der* Lübecker Totentanz *entstand unter dem Eindruck der Pest.*

In grauen Zeiten gerieten zwei Waldbesitzer über die Grenzen ihrer aneinanderstoßenden Wälder in heftigen Streit. Da es aus Mangel an deutlichen Kennzeichen nicht zu erweisen war, wie ursprünglich die Grenze lief, so musste das Gericht auf die Aussage eines Försters hin entscheiden, der behauptete, die nötige Auskunft geben zu können, und von beiden Parteien als unparteiischer Zeuge anerkannt wurde. Aber der Gewissenlose war von demjenigen gewonnen worden, der seinen Wald auf Kosten des andern erweitern wollte. Nachdem er geschworen hatte, genau berichten zu wollen, wie vormals die Grenze gezogen, beschrieb er eine Linie, welche demjenigen, der ihn bestochen hatte, ungeheuern Gewinn brachte.

Das Gericht urteilte auf seine Angaben hin, und aller Widerspruch dessen, der im Schaden war, half nichts. Zwar entging der Förster hernach dem menschlichen Richter, aber die Strafe erreichte ihn dennoch. Als er gestorben, ins Grab gesenkt und mit Erde bedeckt war, zerbarsten mit großem Gekrache die Bretter seines Sarges, und wie vom heftigsten Donnerschlage erschreckt, fuhr die Leichenbegleitung zusammen. Aber noch heftiger erschrak diese, als plötzlich der Boden klaffte und die Hand des Toten schnell in die Höhe fuhr. Man drückte sie nun nach der ersten Bestürzung wieder ins Grab zurück, um sie mit Erde zu bedecken, aber umsonst. Da sie sich zu einem falschen Schwur erhoben hatte, so fand sie im Grab, das sie immer wieder ausspie, keine Ruhe. Da erkannte man das Gericht Gottes an dem Meineidigen und löste die Hand zum ewigen Andenken ab. Unverweslich, wie sie ist, wird sie wohl noch heute in der Kirche zu Eisenberg gezeigt.

DER GEIST

Es war ein Mägdlein froh und keck,
Stets lacht ihr Rosenmund,
Ihr schien die Liebe Lebenszweck
Und alles andre Schund.

Sie denkt an nichts als an Pläsier,
Seitdem die Mutter tot,
Sie lacht und liebt, obgleich es ihr
Der Vater oft verbot.

Einst hat sie frech und unbedacht
Den Schatz, der ihr gefällt,
Sich für die Zeit um Mitternacht
Zum Kirchhof hinbestellt.

Und als sie kam zum Stelldichein,
O hört, was sich begab,
Da stand ein Geist im Mondenschein
Auf ihrer Mutter Grab.

Er steht so starr, er steht so stumm,
Er blickt so kummervoll.
Das Mägdlein dreht sich schauernd um
Und rennt nach Haus wie toll.

Es wird, wer einen Geist gesehn,
Nie mehr des Lebens froh,
Er fühlt, es ist um ihn geschehn,
Dem Mägdlein ging es so.

Sie welkt dahin, sie will und mag
Nicht mehr zu Spiel und Tanz.
Man flocht ihr um Johannistag
Bereits den Totenkranz.

WILHELM BUSCH

OBEN *Jeder dritte Befragte glaubt einer Studie zufolge, dass es Gespenster gibt, jeder zweite meint, schon einmal eines gesehen zu haben.*

BEI DEM GRABE MEINES VATERS

Friede sei um diesen Grabstein her!
Sanfter Friede Gottes! Ach, sie haben
Einen guten Mann begraben,
Und mir war er mehr;

Träufte mir von Segen, dieser Mann,
Wie ein milder Stern aus bessern Welten!
Und ich kann's ihm nicht vergelten,
Was er mir getan.

Er entschlief; sie gruben ihn hier ein.
Leiser, süßer Trost, von Gott gegeben,
Und ein Ahnden von dem ew'gen Leben
Düft um sein Gebein!

Bis ihn *Jesus Christus*, groß und hehr!
Freundlich wird erwecken – ach, sie haben
Einen guten Mann begraben,
Und mir war er mehr.

MATTHIAS CLAUDIUS

AM ELTERNGRAB

Ich kenn' ein einsam Plätzchen auf der Welt,
liegt ruhig, still verborgen,
dort flieh' ich hin, wenn mich der Kummer quält,
es plagen mich die Sorgen.
Und fragst du mich, so sag' ich's dir,
es liegt nicht weit, nicht weit von hier.
Der liebste Platz, den ich auf Erden hab',
das ist die Rasenbank am Elterngrab,
der liebste Platz, den ich auf Erden hab',
das ist die Rasenbank am Elterngrab.

Da zieht's mit Zaubermacht mich immer hin,
wenn Menschen mit mir streiten,
dort merk' ich nicht, wie ich verlassen bin,
dort klag' ich meine Leiden.
Da reden mir die Toten zu,
die Eltern mein, in ew'ger Ruh.
Der liebste Platz, den ich auf Erden hab',
das ist die Rasenbank am Elterngrab,
der liebste Platz, den ich auf Erden hab',
das ist die Rasenbank am Elterngrab.

Und wenn ich einstens lebensmüde bin,
muss dieser Welt entsagen,
dann, guter Gott, gewähr' die Bitte mir:
Lass mich zum Friedhof tragen.
Drückt mir der Tod die Augen zu,
dann legt mich dort zur ew'gen Ruh.
An jenem Platz, wo ich mein Liebstes hab',
dort bei der Rasenbank am Elterngrab,
an jenem Platz, wo ich mein Liebstes hab',
dort bei der Rasenbank am Elterngrab.

EMIL WINTER-TYMIAN

GEDENKTAGE

Vertauscht

Eigentlich war seit dem 11. Jahrhundert in der ganzen katholischen Christenheit Allerseelen der Tag des Totengedenkens, an dem man auch die Leiden der armen Seelen im Fegefeuer durch Gebete und Almosen zu lindern versuchte. Allerheiligen wurde einen Tag vorher, am 1. November, zur Erinnerung an Märtyrer und mehr oder weniger bekannte Heilige begangen. Doch im Laufe der Zeit übernahm der Allerheiligentag nach und nach die Funktion des Allerseelentages mit vielen Ritualen, zu denen vor allem der Friedhofsbesuch und das liebevolle Schmücken der Gräber gehören.

Ein zentrales Element der katholischen Totengedenktage war ursprünglich Essen und Trinken. In manchen Gegenden wurde zu Allerseelen der Tisch für die Toten gedeckt, später verteilte man Opferbrote an Bedürftige. In schwäbischen Bäckereien erinnern die »Seelenweck« an den alten Brauch. Andernorts galt Hirsebrei als wirksame Hilfe gegen das Fegefeuer: Für jedes Korn, das man aß, wurde eine Seele erlöst. Kinder zogen von Haus zu Haus und erbettelten »um der armen Seele willen« Äpfel, Getreide, Mehl, Schmalz und vor allem Brot. In Süddeutschland hat sich der Brauch erhalten, den Kindern Allerheiligenstriezel zu schenken.

Verordnet

Zum Missfallen Martin Luthers hielten die evangelischen Christen auch nach der Reformation an den katholischen Totengedenktagen fest. Das änderte sich erst, als der preußische König Friedrich Wilhelm III. ein Machtwort sprach. Per Verordnung vom 25. November 1816 bestimmte er den letzten Sonntag vor dem Advent zum Tag des Totengedenkens, allgemein als Totensonntag oder Ewigkeitssonntag bekannt. Ob ihn dazu das Gedenken an die Soldaten bewogen hat, die in den Befreiungskriegen 1816 gefallen waren, oder die Erinnerung an die einige Jahre früher verstorbene schöne Königin Luise, ist nicht bekannt. Jedenfalls haben die evangelischen Christen seitdem einen eigenen Gedenktag.

Versöhnt

Ein staatlicher Gedenktag für die Toten der beiden Weltkriege und für die Opfer von Gewaltherrschaft ist der Volkstrauertag, der seit 1952 am vorletzten Sonntag des Kirchenjahres begangen wird. Bei der zentralen Gedenkstunde im Deutschen Bundestag und vielen ähnlichen Feiern auf Landesebene oder in den Städten und Gemeinden erinnern die Redner an die Toten und mahnen zu Versöhnung, Verständigung und Frieden.

ALLERHEILIGENSTRIEZEL

Zutaten für 1 Zopf:

1 Würfel Hefe
250 ml lauwarme Milch
500 g Mehl
1 Prise Salz
80 g Zucker
1 Ei
80 g Butter
50 g Rosinen
etwas Milch zum Bestreichen

Die Hefe in der Milch auflösen. Mit allen anderen Zutaten zu einem glatten Teig verkneten. Sollte er kleben, noch etwas Mehl dazugeben. Den Teig gehen lassen, bis er sein Volumen verdoppelt hat.

In drei Teile teilen, Stränge formen und einen Zopf daraus flechten. Diesen noch einmal gehen lassen, bis er sich sichtbar vergrößert hat. Mit Milch bestreichen und bei 200 °C (Umluft 180 °C) ca. 25 Min. backen.

WIE DER ALLERSEELENTAG ENTSTANDEN IST

Als Christus der Herr am Kreuz ist gestorben und nur noch der letzte Tropfen Blut in seinem Herzen ist gewesen, da hat ihn sein himmlischer Vater gefragt: »Mein lieber Sohn, die Menschheit ist erlöst; wem willst du den letzten Tropfen deines rosenfarbenen Blutes zukommen lassen?« – Da hat Christus der Herr geantwortet: »Meiner lieben Mutter, die am Kreuze steht; auf dass ihre Schmerzen sollen gelindert sein.« – »O nein, mein Kind Jesus«, hat daraufhin die Mutter Maria geantwortet, »wenn du den bitteren Tod willst leiden für die Menschenseelen, so mag ich die Mutterpein auch noch ertragen, ist sie gleichwohl so groß, dass sie nicht das Meer kann löschen, und wär' die ganze Erden ein Grab, sie nicht kunnt begraben. Ich schenke den letzten Tropfen deines Blutes den vergessenen Seelen im Fegfeuer, auf dass sie einen Tag haben im Jahr, an dem sie von dem Feuer befreit sind.«

Und so sei – nach der Sage Deutung – der Allerseelentag entstanden. An diesem Tage sind auch die verlassensten und vergessensten Seelen von ihrer Pein befreit und stehen im Vorhofe des Himmels, bis der letzte Stundenschlag des Tages sie wieder in die Flammen ruft.

PETER ROSEGGER

ALLERSEELEN

An Karl Hauer

Die Männlein, Weiblein, traurige Gesellen,
Sie streuen heute Blumen blau und rot
Auf ihre Grüfte, die sich zag erhellen.
Sie tun wie arme Puppen vor dem Tod.

O! wie sie hier voll Angst und Demut scheinen,
Wie Schatten hinter schwarzen Büschen stehn.
Im Herbstwind klagt der Ungebornen Weinen,
Auch sieht man Lichter in der Irre gehn.

Das Seufzen Liebender haucht in Gezweigen
Und dort verwest die Mutter mit dem Kind.
Unwirklich scheinet der Lebendigen Reigen
Und wunderlich zerstreut im Abendwind.

Ihr Leben ist so wirr, voll trüber Plagen.
Erbarm' dich Gott der Frauen Höll' und Qual,
Und dieser hoffnungslosen Todesklagen.
Einsame wandeln still im Sternensaal.

GEORG TRAKL

ALLERHEILIGEN IN MÜNCHEN

Am Allerheiligentag müsst ihr den Münchner Friedhof besuchen, wenn ihr auch die erhebende religiöse Richtung des Münchner Volkslebens kennenlernen wollt. Da entfaltet der Katholizismus

OBEN *Mutter und Tochter entzünden am* Allerseelentag *Kerzen auf dem St.-Hedwig-Kirchhof, dem ältesten katholischen Friedhof Berlins.*

alle seine Tröstungen, da öffnet sich das Jenseits, da ist jeder Gedanke an Trennung verschwunden und dem Tod sein Stachel genommen; da wird auf den Gräbern in freudiger Vorahnung das Fest des ewigen Lebens begangen, und die Schmerzenstränen der Überlebenden um ihre Toten sind schon Freudetränen, dem Wiedersehen geweint, das der religiöse Glaube so nahe rückt wie die Zeit, die zwei Liebenden von einem Kuss zum anderen verrinnt.

EDUARD DULLER

BEMALTE SCHÄDEL

Gemaltes Eichenlaub rankt sich um die leeren Augenhöhlen des Totenschädels. »Gestorben den 12. November des Jahres 1833 im Alter von 66 Jahren« ist auf der Stirn zu lesen. Die auf den

OBEN *Im Beinhaus, auch Karner oder Ossuarium genannt, werden Schädel aufbewahrt.*

ersten Blick befremdlich wirkende Bemalung dient der liebevollen Erinnerung. Im 19. Jahrhundert wurde das Gedenken an die Toten auf Friedhöfen individuell. So lösten z. B. Einzelgräber die bis dahin üblichen Massengräber ab. Diese Entwicklung hatte auch Auswirkungen auf die Beinhäuser, in denen die Gebeine der Toten, wie es früher üblich war, nach einigen Jahren zweitbestattet wurden, um Platz auf den Kirchhöfen zu schaffen. Durch die Bemalung und Beschriftung der Schädel sollte ihrer persönlich gedacht werden. Im Beinhaus von Hallstatt im Salzkammergut werden über sechshundert solcher Schädel aufbewahrt. Der Brauch hat sich erhalten und wird auf Wunsch der Verstorbenen weiter ausgeübt.

TRAUERN IM NETZ

Kerzen flackern auf dem Bildschirm, Bilder, für jeden aufrufbar, erinnern an Verstorbene, eine Kinderzeichnung als letzter Gruß berührt auch unbeteiligte Betrachter – so kann Trauer in Zeiten des Internets gelebt und gezeigt werden. Virtuelle Friedhöfe und Gedenkstätten machen Ernst mit dem ewigen Andenken: Solange es das Internet gibt, werden die Erinnerungen erhalten bleiben. Wer sich nicht auf die Nachwelt verlassen will, kann schon zu Lebzeiten vorsorgen und seine virtuelle Grabstätte vorsorglich selbst gestalten.

HEIMLICHE GRABPFLEGE

Um die Kirche herum liegt ein Kirchhof, ein sogenannter »toter Kirchhof«; der »lebende«, die Stätte, wo begraben wird, liegt draußen, am Rande des Dorfes.

Die alte Stätte ist nur ein Grasplatz noch, niedergetreten, ohne Kreuz und Stein, aber wer scharf zusieht, der nimmt bald wahr, dass hinter dieser Verwahrlosung noch immer eine Liebe lebt. Hier und dort wächst eine Schwertlilie, ein Hagebuttenstrauch unvermittelt aus dem niedergetretenen Grase auf, und alle diese Stellen kennen die Dörfler wohl, es sind die Gräber ihrer Teuren, die sie verstohlen hegen und pflegen, in heimlicher Liebe. Denn der Kirchhof soll tot sein, der offizielle Platz für Blumen und Tränen liegt draußen. Aber welchem Herzen ließe sich gebieten!

THEODOR FONTANE

ASCHENPUTTELS HASELREIS

Es trug sich zu, dass der Vater einmal in die Messe ziehen wollte, da fragte er die beiden Stieftöchter, was er ihnen mitbringen sollte? »Schöne Kleider«, sagte die eine; »Perlen und Edelsteine«, die zweite. – »Aber du, Aschenputtel«, sprach er, »was willst du haben?« – »Vater, das erste Reis, das Euch auf Eurem Heimweg an den Hut stößt, das brecht für mich ab.« Er kaufte nun für die beiden Stiefschwestern schöne Kleider, Perlen und Edelsteine, und auf dem Rückweg, als er durch einen grünen Busch ritt, streifte ihn ein Haselreis und stieß ihm den Hut ab. Da brach er das Reis ab und nahm es mit. Als er nach Haus kam, gab er den Stieftöchtern, was sie sich gewünscht hatten, und dem Aschenputtel gab er das Reis von dem Haselbusch. Aschenputtel dankte ihm, ging zu seiner Mutter Grab und pflanzte das Reis darauf und weinte so sehr, dass die Tränen darauf niederfielen und es begossen. Es wuchs aber und ward ein schöner Baum. Aschenputtel ging alle Tage dreimal darunter, weinte und betete, und allemal kam ein weißes Vöglein auf den Baum, und wenn es einen Wunsch aussprach, so warf das Vöglein herab, was es sich gewünscht hatte.

JACOB UND WILHELM GRIMM

SIE ENTSCHLUMMERTE DIR

Der Sämann säet den Samen,
die Erde empfängt ihn, und über ein kleines
keimet die Blume herauf –

Du liebtest sie. Was auch dies Leben
sonst für Gewinn hat, war klein dir geachtet,
und sie entschlummerte dir.

Was weinest du neben dem Grabe
und hebst die Hände zur Wolke des Todes
und der Verwesung empor?

Wie Gras auf dem Felde sind Menschen
dahin, wie Blätter, nur wenige Tage
gehn wir verkleidet einher!

Der Adler besuchet die Erde,
doch säumt nicht, schüttelt vom Flügel den Staub und
kehret zur Sonne zurück.

MATTHIAS CLAUDIUS

AM JAHRESTAG

(27. September 1888)

Heut ist's ein Jahr, dass man hinaus dich trug,
Hin durch die Gasse ging der lange Zug,
Die Sonne schien, es schwiegen Hast und Lärmen,
Die Tauben stiegen auf in ganzen Schwärmen.
Und rings der Felder herbstlich buntes Kleid,
Es nahm dem Trauerzug fast sein Leid,
Ein Flüstern klang mit ein in den Choral,
Nun aber schwieg's – wir hielten am Portal.

Der Zug bog ein, da war das frische Grab,
Wir nächsten beide sahen still hinab,
Der Geistliche, des Tages letztes Licht
Umleuchtete sein freundlich ernst Gesicht,
Und als er nun die Abschiedsworte sprach,
Da sank der Sarg und Blumen fielen nach,
Spätrosen, rot und weiße, weiße Malven,
Und mit den Blumen fielen die drei Salven.

Das klang so frisch in unser Ohr und Herz,
Hin schwand das Leid uns, aller Gram und Schmerz,
Das Leben, war dir's wenig, war dir's viel?
Ich weiß das Eine nur, du bist am Ziel,
In Blumen durftest du gebettet werden,
Du hast die Ruh nun, Erde wird zu Erden,
Und kommt die Stund uns, dir uns anzureihn,
So lass die Stunde, Gott, wie diese sein.

THEODOR FONTANE

Ein Grab ist doch immer noch
die beste Befestigung wider die
Stürme des Schicksals.

GEORG CHRISTOPH
LICHTENBERG

SENNA HOY

Seit du begraben liegst auf dem Hügel,
Ist die Erde süß.

Wo ich hingehe nun auf Zehen,
Wandele ich über reine Wege.

O deines Blutes Rosen
Durchtränken sanft den Tod.

Ich habe keine Furcht mehr
Vor dem Sterben.

Auf deinem Grabe blühe ich schon
Mit den Blumen der Schlingpflanzen.

Deine Lippen haben mich immer gerufen,
Nun weiß mein Name nicht mehr zurück.

Jede Schaufel Erde, die dich barg,
Verschüttete auch mich.

Darum ist immer Nacht an mir,
Und Sterne schon in der Dämmerung.

Und ich bin unbegreiflich unseren Freunden
Und ganz fremd geworden.

Aber du stehst am Tor der stillsten Stadt
Und wartest auf mich, du Großengel.

ELSE LASKER-SCHÜLER

ÜBER ALLE GRÄBER WÄCHST ZULETZT DAS GRAS

Über alle Gräber wächst zuletzt das Gras,
Alle Wunden heilt die Zeit, ein Trost ist das,
Wohl der schlechteste, den man dir kann erteilen;
Armes Herz, du willst nicht, dass die Wunden heilen.
Etwas hast du noch, solang es schmerzlich brennt;
Das Verschmerzte nur ist tot und abgetrennt.

FRIEDRICH RÜCKERT

OBEN *Beinahe verschmolzen mit der Ostseelandschaft wirkt der* Alte Schifferfriedhof *auf dem Gemälde von Paul Müller-Kaempff, dem Gründer der Künstlerkolonie Ahrenshoop.*

AUF DEM KIRCHHOF

Der Tag ging regenschwer und sturmbewegt,
ich war an manch vergessenem Grab gewesen.
Verwittert Stein und Kreuz, die Kränze alt,
die Namen überwachsen, kaum zu lesen.

Der Tag ging sturmbewegt und regenschwer,
auf allen Gräbern fror das Wort: Gewesen.
Wie sturmestot die Särge schlummerten,
auf allen Gräbern taute still: Genesen.

DETLEV VON LILIENCRON

TOTENOPFER

Über den Kirchhof ging ich und pflückte von jedem der Gräber
Eine Blume mir ab, bis sie schwollen zum Strauß.
Aber, was soll er mir doch – so rief ich plötzlich erschauernd –
Borgt das Leben sich denn Zierde und Zeichen vom Tod?
Doch da traf ich ein Grab, verwildert liegend und einsam,
Welchem jeglicher Kranz fehlte, der welke sogar.
Nimm sie, sprach ich und streute die Blumen, die
schlummernden Nachbarn
Senden das Opfer durch mich, da es die Liebe versäumt!

FRIEDRICH HEBBEL

FAMILIENGRAB
OTTO MORITZ BONNE.
GEORG WILHELM REYE.

4. KAPITEL

Alles wandelt sich, nichts vergeht

FRIEDHOFSGESCHICHTE – KURZGEFASST

380 n. Chr. Kaiser Theodosius I. erklärt im Römischen Reich das Christentum zur Staatsreligion. Viele Kirchen werden gebaut. Um sie herum werden umfriedete Grabstätten, die ersten Kirchhöfe, angelegt.

785 Kaiser Karl der Große untersagt bei Androhung der Todesstrafe die Leichenverbrennung.

786 Karl der Große schreibt die Bestattung bei Kirchen statt auf Gräberfeldern zwingend vor.

1480 Auf Betreiben des Wittelsbacher Herzogs Albrecht IV. erlässt Papst Sixtus IV. eine Bulle, nach der Seuchenopfer nicht mehr auf den alten Pfarrfriedhöfen begraben werden dürfen. Damit beginnt die Auslagerung der Friedhöfe aus den Städten.

1527 In seiner Schrift »Ob man vor dem Sterben fliehen möge« setzt sich Martin Luther dafür ein, die neuen Friedhöfe »draußen an einem abgesonderten stillen Ort« anzulegen. Außerdem plädiert er dafür, die bis

UNTEN *»Tod ist nicht Tod, ist nur Veredlung sterblicher Natur«, steht über dem Eingangsportal des Neuen Begräbnisplatzes in Dessau. Der geometrisch gegliederte Ort zieht seit zweihundert Jahren Kulturreisende an.*

dahin meist schmucklosen Gräber durch in Schrift oder Bild dargestellte Bibelsprüche aufzuwerten.

1648 Der Westfälische Frieden, der den Dreißigjährigen Krieg beendete, legt auch fest, dass Tote unabhängig von ihrer Konfession auf allen Friedhöfen bestattet werden sollen – eine Bestimmung, die in der Folgezeit häufig missachtet wird.

1787 In Dessau entsteht der »Neue Begräbnisplatz« (heute Alter Friedhof), der erste kommunale Friedhof in Deutschland.

1792 In Weimar wird das erste deutsche Leichenhaus errichtet.

1804 In Paris wird der Père Lachaise als erster Parkfriedhof der Welt eröffnet. Als erster deutscher Parkfriedhof wird 1869 der Südfriedhof in Kiel eröffnet.

1878 Die erste deutsche Feuerbestattungsanlage der Moderne wird in Gotha errichtet.

ab 1900 Die Friedhofsreformbewegung wendet sich gegen repräsentative Grabstätten. Die Größe, die Form, das Material und die Schrift von Grabmälern werden reglementiert.

1963 Das Zweite Vatikanische Konzil räumt die Möglichkeit der Einäscherung auch für katholische Christen ein.

2001 Im Reinhardswald bei Kassel wird der erste Friedwald eröffnet. Bestattungen werden zunehmend individuell.

SO WOLLTE ICH LIEBER IN DER ELBE LIEGEN

Aber unser Kirchhof, was ist er? Vier oder fünf Gassen und zwei oder drei Märkte sind es, so dass es keinen öffentlicheren und unstilleren Ort in der ganzen Stadt gibt als eben den Kirchhof, wo man täglich, ja Tag und Nacht darüberläuft, und das sowohl Menschen als auch Vieh: Jeder hat von seinem Hause aus eine Tür und eine Gasse, die darauf führt, und es geschieht auf ihm allerlei, vielleicht auch solche Dinge, über die man nicht spricht. Dadurch wird dann die Andacht und Ehrfurcht, die den Begräbnissen gebührt, ganz und gar zunichte. Jeder hält nicht mehr davon, als wenn er über einen Schindanger liefe, so dass der Türke den Ort nicht so in Unehren halten könnte, wie wir es tun. Und man sollte doch da lauter Andacht schöpfen, den Tod und die Auferstehung bedenken und auf die Heiligen, die da liegen, Rücksicht nehmen. Aber wie kann man das in einem öffentlichen Ort, über den jeder laufen muss und der vor jeder Tür offen daliegt. Wenn der Begräbnisort überhaupt in Ehren stehen soll, so wollte ich lieber in der Elbe oder im Walde liegen. Aber wenn das Begräbnis draußen an einem abgesonderten, stillen Ort, wo niemand durch- noch darüberhinliefe, läge, so wäre es gar geistlich, ehrbar und heilig anzusehen und könnte auch so hergerichtet werden, dass er die, die darauf gehen wollen, zur Andacht reizte. Das wäre mein Rat.

MARTIN LUTHER

MODERNE ROMANTIK I

Am Kirchhof stehn drei Kreuze.
Des Posthorns Peitsche knallt.
Im Walde schrein drei Käuze.
O wie bald! O wie bald! O wie bald!

Verzeiht mir, wenn ich mich schneuze,
denk an den Kirchhof ich
und die Peitsch' und die Käuz' und die Kreuze
und den Wald und das Posthorn und mich.

CHRISTIAN MORGENSTERN

OBEN *Eingebettet in die Natur: der* Waldfriedhof *von Ernst Ludwig Kirchner.*

DER POSTILLION

Lieblich war die Maiennacht,
Silberwölklein flogen,
Ob der holden Frühlingspracht
Freudig hingezogen.

Schlummernd lagen Wies und Hain,
Jeder Pfad verlassen;
Niemand als der Mondenschein
Wachte auf der Straßen.

Leise nur das Lüftchen sprach,
Und es zog gelinder
Durch das stille Schlafgemach
All der Frühlingskinder.

Heimlich nur das Bächlein schlich,
Denn der Blüten Träume
Dufteten gar wonniglich
Durch die stillen Räume.

Rauer war mein Postillion,
Ließ die Geißel knallen,
Über Berg und Tal davon
Frisch sein Horn erschallen.

Und von flinken Rossen vier
Scholl der Hufe Schlagen,
Die durchs blühende Revier
Trabten mit Behagen.

Wald und Flur im schnellen Zug
Kaum gegrüßt – gemieden;
Und vorbei, wie Traumesflug,
Schwand der Dörfer Frieden.

Mitten in dem Maienglück
Lag ein Kirchhof innen,
Der den raschen Wanderblick
Hielt zu ernstem Sinnen.

Hingelehnt an Bergesrand
War die bleiche Mauer,
Und das Kreuzbild Gottes stand
Hoch, in stummer Trauer.

Schwager ritt auf seiner Bahn
Stiller jetzt und trüber;
Und die Rosse hielt er an,
Sah zum Kreuz hinüber:

LINKS UND UNTEN
Kirchhöfe waren immer von Mauern umgeben – zur Wahrung der Totenruhe, aber auch zum Schutz der Lebenden vor den Toten, deren Übergriffe man fürchtete.

»Halten muss hier Ross und Rad,
Mag's euch nicht gefährden:
Drüben liegt mein Kamerad
In der kühlen Erden!

Ein gar herzlieber Gesell!
Herr, 's ist ewig schade!
Keiner blies das Horn so hell
Wie mein Kamerade!

Hier ich immer halten muss,
Dem dort unterm Rasen
Zum getreuen Brudergruß
Sein Leiblied zu blasen!«

Und dem Kirchhof sandt er zu
Frohe Wandersänge,
Dass es in die Grabesruh
Seinem Bruder dränge.

Und des Hornes heller Ton
Klang vom Berge wider,
Ob der tote Postillion
Stimmt' in seine Lieder. –

Weiter ging's durch Feld und Hag
Mit verhängtem Zügel;
Lang mir noch im Ohre lag
Jener Klang vom Hügel.

NIKOLAUS LENAU

EIN SCHÖNER BUNTER TEPPICH

Wir erinnern uns jener Veränderung, welche Charlotte mit dem Kirchhofe vorgenommen hatte. Die sämtlichen Monumente waren von ihrer Stelle gerückt und hatten an der Mauer, an dem Sockel der Kirche Platz gefunden. Der übrige Raum war geebnet.

Krokusse bringen den Frühling auf den Alten Friedhof in Flensburg. »Ein schöner Garten Gottes, wo die Asche der Todten in Frieden ruht«, rühmte der Flensburger Dichter A. P. Andresen.

Außer einem breiten Wege, der zur Kirche und an derselben vorbei zu dem jenseitigen Pförtchen führte, war das Übrige alles mit verschiedenen Arten Klee besäet, der auf das Schönste grünte und blühte. Nach einer gewissen Ordnung sollten vom Ende heran die neuen Gräber bestellt, doch der Platz jederzeit wieder verglichen und ebenfalls besät werden. Niemand konnte leugnen, dass diese Anstalt beim sonn- und festtägigen Kirchgang eine heitere und würdige Ansicht gewährte. Sogar der betagte und an alten Gewohnheiten haftende Geistliche, der anfänglich mit der Einrichtung nicht sonderlich zufrieden gewesen, hatte nunmehr seine Freude daran, wenn er unter den alten Linden, gleich Philemon, mit seiner Baucis vor der Hintertür ruhend, statt der holprigen Grabstätten einen schönen bunten Teppich vor sich sah; der noch überdies seinem Haushalt zugutekommen sollte, indem Charlotte die Nutzung dieses Fleckes der Pfarre zusichern lassen.

JOHANN WOLFGANG VON GOETHE

VERSCHÜTTETE GRÄBER

Mein erster Gang war der nach der Kirche, wo ich mich auf dem sie umgebenden Freiplatz, der einst der Kirchhof war, lange aufhielt. Jetzt wandelt man dort über verschüttete Gräber, und aus der Asche der Toten sprosst üppiges Gras hervor. Wer weiß, ob ich nicht in diesem Augenblick auf dem morschen Schädel eines meiner Vorfahren stehe! So zweckmäßig es mir auch dünkt, die Kirchhöfe aus den Städten zu verlegen, so ist es für mich doch ein trauriger Gedanke, dass die Ruhe des Grabes gestört und die Knochen von Tausenden in *ein* Beinhaus geschüttet oder in *eine* Gruft gesenkt werden. Friede den Toten!

AUGUST TROMLITZ

FRIEDHOF MUSEAL

Kassel

Umfassender als im Museum für Sepulkralkultur können Tod und Friedhofskultur kaum dargestellt werden. Die Geschichte des Friedhofs, die Entwicklung der Grabmäler, Bestattungsrituale in aller Welt und der Wandel im Umgang mit Tod und Sterben – das wird, oft im Vergleich, anhand wertvoller und ungewöhnlicher Ausstellungsstücke dargestellt. Der prächtig bemalte Barocksarg, die Metallkapsel, in der die Asche eines Verstorbenen ins Weltall befördert werden kann – sie und viele andere repräsentieren gesellschaftliche Veränderungen.

Wien

Ein wiederverwendbarer Klappsarg, ein Rettungswecker für Scheintote und das Mini-Modell eines Militärtrauerzugs, der sich im Rhythmus eines Trauermarsches vorwärtsbewegt, sind drei der Prunkstücke aus dem Wiener Bestattungsmuseum. Rund tausend Exponate geben dem Besucher einen kurzweiligen Überblick über die Geschichte des Bestattungswesens in Wien.

Kramsach

Es gibt wohl keinen zweiten Friedhof auf der Welt, auf dem so viel gelacht wird, wie den Museumsfriedhof in Kramsach in Tirol. Auf restaurierte alte Grabmäler hat der Gründer der Anlage eine Vielzahl kurioser Grabsprüche wie diesen gemalt: »Hier liegt in süßer Ruh' / erdrückt von seiner Kuh / Franz Xaver Maier / daraus sieht man / wie kurios man sterben kann!« Manche der Sprüche stammen tatsächlich von alten Grabsteinen, andere sind mit spöttischer Absicht erdichtet.

OBEN *Skurrile Grabsprüche wurden im 17. Jahrhundert beliebt. Von England ausgehend, verbreitete sich die Mode in ganz Europa und bis nach Übersee.*

LASS, O LASS DAS GRAB VERWILDERN

Ja, das ist der alte Kirchhof,
Der in blauer Flut sich spiegelt,
Und in seiner dunkeln Erde
Liegt mein Heiligstes versiegelt;
Hier das Beet voll roter Rosen,
Dicht und üppig aufgesprossen:
Drunter liegt die weiße Lilie,
Eng im Blumenschrein verschlossen!

Durch die Rosen, durch die Erde,
Durch die Bretter dringt mein Sehnen;
Dort, wie eben erst gestorben,
Will mein Herz sie schlummernd wähnen!
Schläfst du, schläfst du noch, mein Liebchen?
Zuckt kein Strahl durch deine Leiche,
Weil auf deinem stillen Grabe
Nun dein Buhle irrt, der bleiche?

Fährt kein Stern in deine Augen?
Hebt dein Herz nicht an zu schlagen?
Quellen nicht von deinen Lippen
Frische, süße Liebesklagen?
Zieht kein roter Morgenschimmer
Über deine weißen Wangen,
Weil daran die Lebensgluten
Meiner heißen Blicke hangen?

Eitler Traum! um eine Leiche,
Um den Tod hab ich geworben!
Nun, so sei auch meine Liebe

Fürhin tot und abgestorben!
Zitternd reiß ich aus dem Busen
Noch die letzten zarten Blüten,
Gebe sie dem toten Liebchen
Bis zum jüngsten Tag zu hüten.

Schwarzer Gärtner, Totengräber!
Lass, o lass das Grab verwildern!
Seine wermutbittern Schauer
Soll kein Lenz mehr freundlich mildern!
Binde nicht mehr diese Zweige,
Pflege nicht mehr diese Rosen,
Und mit dem verdorrten Kranze
Mag der kalte Nordwind kosen!

GOTTFRIED KELLER

LINKS *Lovis Corinth, der das Bild* Fischerfriedhof auf Nidden *schuf, war ein wichtiger Vertreter des deutschen Impressionismus. Landschaftsbilder waren ein Schwerpunkt seines Schaffens. Anregungen fand er an der Ostseeküste.*

VIELLEICHT EINE HAND

Ein Mädchen eine Frau glatte Haut
Falten sackendes Bindegewebe. Dann
ein Hügel hochaufgewölbt frische Blumen
Kränze mit Schleifen viele Füße
ringsum. Später Begonien
Buchsbaum ein Kiesrondell später
die Marmortafel mit Namen von bis
daneben Lebensbäume. Füße mitunter
Schnittblumen in der Laterne ein Licht.
Später nur noch der Gärtner zweimal im
Jahr vom Konto der Erben abgebucht.
Dann Efeu. Moos in den Sprüngen im Stein.
Dann und wann vielleicht
an einem Tag im Altweibersommer
dann und wann vielleicht eine Hand
die Spinnweb und Blätter wegschiebt
Augen die den Namen entdecken
hinterm Stein junge Katzen noch blind.

ULLA HAHN

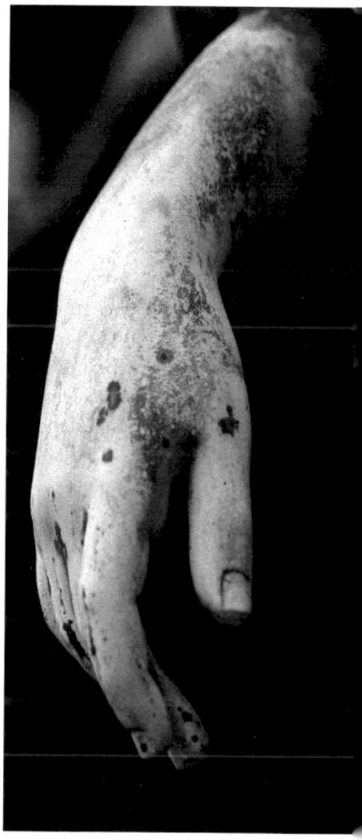

DAS ARMENGRAB

RECHTS OBEN *Sorgsam gepflegte Blumenpracht. In Sagen heißt es, dass weiße Lilien von selbst aus den Gräbern unschuldiger Menschen wachsen.*

Das Grab war in dem Viertel der Armen, wo keine Steine auf den Gräbern liegen; erst ein niedriger Erdhügel, dann kam der Wind und wehte den losen Staub in den Weg; dann fiel der Regen vom Himmel und verwusch die Ecken; an Sommerabenden liefen die Kinder darüber weg. Endlich wurde es Winter; und nun fiel der Schnee darauf, dichter und dichter, bis es ganz verschwunden war. – Aber der Winter blieb nicht; es wurde wieder Frühling, es wurde Sommer. Auf den andern Gräbern brachen die Schneeglöckchen aus der Erde; das Immergrün blühte, die Rosen trieben große Knospen. Nun hatte auch hier das Grab sich überwachsen; erst ein feines Grün, Gras und Marienblatt, dann schossen rote Nesseln auf, Disteln und anderes Gewächs, was die Menschen Unkraut nennen; und an warmen Sommermittagen war es voll von Grillengesang. – Dann wieder eines Morgens waren alle Disteln und alles Unkraut verschwunden und nur das schöne Gras war noch da. Wieder einige Tage später stand an dem einen Ende ein schlichtes schwarzes Kreuz; endlich war auf der Rückseite des Kreuzes, vom Wege abgekehrt, ein Mädchenname eingeschnitten, mit kleinen Buchstaben, ohne Färbung, nur in der Nähe erkennbar.

THEODOR STORM

DER BLÜHENDE FRIEDHOF

Der Brauch, Friedhof und Gräber mit Blumen und Grünpflanzen zu schmücken, bürgerte sich erst Anfang des 19. Jahrhunderts nach und nach ein. Vorher war der Kirchhof eine unebene Wiese, Weidefläche für Pfarrers und Küsters Vieh, mit Obstbäumen und gelegentlich mit Gemüse bepflanzt. Vor etwa zweihundert Jahren gab es die ersten Verbote der privaten Nutzung, zu der auch das Trocknen und Bleichen von Wäsche gehörte. Gleichzeitig wurden immer mehr Friedhöfe parkähnlich gestaltet; Einzelgräber und Familiengräber wurden namentlich gekennzeichnet. Hinterbliebene pflegten jetzt die Gräber als Erinnerungsstätten und legten in der Anfangszeit kleine Gärtchen darauf an. Die waren zum Teil so üppig bepflanzt, dass sie von Spöttern Totenschrebergärten genannt wurden.

ICH HAB DIE NACHT GETRÄUMET

Ich hab die Nacht geträumet
wohl einen schweren Traum,
es wuchs in meinem Garten
ein Rosmarienbaum.

Ein Kirchhof war der Garten,
das Blumenbeet ein Grab,
und von dem grünen Baume
fiel Kron und Blüte ab.

Die Blüten tät ich sammeln
in einem goldnen Krug,
der fiel mir aus den Händen,
dass er in Stücke schlug.

Draus sah ich Perlen rinnen
und Tröpflein rosenrot:
Was mag der Traum bedeuten?
Ach Liebster, bist du tot?

JOACHIM AUGUST ZARNACK

SPRECHENDE BLUMEN

UNTEN *Rosen sind auf Friedhöfen allgegenwärtig, als Blumenschmuck ebenso wie auf Kranzschleifen oder Grabsteinen. Bei fast jeder Trauerfeier werden Gebinde oder Kränze aus Rosen mitgebracht.*

Wer liebt, schenkt Rosen. Auch wer trauert, möchte mit seinen Blumengaben Gefühle ausdrücken. Denn »das Äußere einer Pflanze ist nur die eine Hälfte ihrer Wirklichkeit«, heißt es bei Goethe. Einige Blumen und Pflanzen werden teils aus Tradition, teils ihrer Symbolik wegen mit Friedhöfen und Gräbern in Verbindung gebracht.

Weiße Blumen
Vor allem Lilien und Nelken, aber auch Rosen, Astern und Callas werden häufig als Friedhofsblumen bezeichnet. Die Farbe Weiß wird mit Unschuld und Reinheit gleichgesetzt – der Zustand, in den man durch den Tod zurückkehrt.

Rose
Liebe währt über den Tod hinaus – das ist das Versprechen der Rose. So stark ist diese Botschaft, dass Friedhöfe in der Schweiz, in Innerösterreich und in Süddeutschland auch Rosengärten genannt wurden. Die Silbe »ros« in alten Flurnamen deutet darauf hin, dass sich dort einmal ein Friedhof befand.

Efeu
ist als immergrünes Gewächs das Sinnbild für Unsterblichkeit, Ewigkeit und Auferstehung und daher das Grabgrün schlechthin – und ausschließlich: Bis nach dem Zweiten Weltkrieg wurde Efeu weder in Gärten noch auf Balkonen angepflanzt.

Buchsbaum
galt schon in der Antike als Symbol der Unsterblichkeit. Der Grund: Je mehr die Pflanze beschnitten wird, desto mehr treibt sie aus. Auch im Christentum steht der Buchsbaum für das ewige Leben. Deshalb tragen Sargträger Buchsbaumzweige am Jackett.

Rosmarin
stand früher im Ruf, Unheil abzuwehren. Warum das Kraut ebenso wie Salbei oder Wermut bei Beerdigungen beliebt war, lässt sich jedoch auch profaner erklären: Der starke Geruch überdeckte den Verwesungsgeruch oder schwächte ihn zumindest ab.

Am nächsten Morgen begann der neue Totengräber von San Rocco sein Amt. Er fasste es seltsam genug auf. Er schuf den ganzen Kirchhof um und machte einen großen Garten daraus. Die alten Gräber verloren ihre nachdenkliche Traurigkeit und verschwanden unter dem Blühen der Blumen und dem Winken der Ranken.

Und drüben, jenseits des mittleren Weges, wo bisher leerer, ungepflegter Rasen gewesen war, bildete der Mann viele kleine Blumenbeete, den Gräbern auf der anderen Seite ähnlich, so, dass die beiden Hälften des Kirchhofes einander das Gleichgewicht hielten. Die Leute, welche aus der Stadt herauskamen, konnten ihre lieben Gräber gar nicht gleich wiederfinden, ja es geschah, dass irgend ein altes Mütterchen bei einem der leeren Beete an der rechten Wegseite kniete und weinte, ohne dass dieses greise Gebet deshalb ihrem Sohne verlorenging, der fern drüben unter hellen Anemonen lag. Aber die Leute von San Rocco, welche diesen Kirchhof sahen, litten nicht mehr so sehr unter dem schweren Tod. Wenn einmal jemand starb (und es traf meist alte Leute in diesem denkwürdigen Frühjahr), so mochte der Weg hinaus zwar immer noch recht lang und trostlos sein, draußen aber wurde es immer etwas wie ein kleines, stilles Fest. Blumen schienen von allen Seiten herbeizudrängen und sich so schnell über die dunkle Grube zu stellen, dass man meinen konnte, der schwarze Mund der Erde habe sich nur aufgetan, um Blumen zu sagen, tausend Blumen.

RAINER MARIA RILKE

WENN DIE NAMEN TRAUER TRAGEN

Trauerweide

Tief hängen ihre Äste auf den Boden herunter, so dass ihre Erscheinung – Trauerform genannt – an Resignation und Verzweiflung denken lässt. Das macht die Trauerweide zum beliebten Friedhofsbaum. Bekannt wurde sie durch Napoleon. Im Exil auf Sankt Helena war sie sein Lieblingsbaum, unter dem er begraben werden wollte.

OBEN *Wegen ihrer Langlebigkeit wird die Ringelblume bei manchen Völkern als Symbol für Unvergänglichkeit geschätzt.*

Allerseelenblume oder Allerheiligenblume

wird die Aster traditionell genannt. Neben ihrem leicht modrigen Duft wird als Grund dafür vor allem angesehen, dass manche Sorten als letzte Blumen im Garten blühen. Der Sommer vergeht, der Herbst mit seinen Totengedenktagen naht – die Aster symbolisiert Vergänglichkeit.

Grabnagel

So heißt im Volksmund die Nelke. Sie gilt als Sinnbild des Leidens, da man in der Form ihrer Blütenblätter die Nägel vom Kreuz Christi zu entdecken glaubte.

Totenblume

Unter diesem Namen sind vor allem die Ringelblume und die Tagetes (oder Studentenblume) bekannt. Sie verdanken ihn allerdings lediglich der Tatsache, dass sie als Blumen für die Grabbepflanzung sehr beliebt sind.

FRIEDHOFSBESUCH

Sieben von zehn Bundesbürgern besuchen mindestens einmal pro Jahr einen Friedhof. Das stellte sich bei einer Umfrage heraus, die im Auftrag der Bestattungskultur-Verbraucherinitiative »Aeternitas« durchgeführt wurde. Nur 13 Prozent der Befragten gaben an, nie auf einen Friedhof zu gehen. Abgesehen von der Teilnahme an einer Beerdigung ist für den größten Teil der Friedhofsbesucher, nämlich für 88,6 Prozent, der Besuch einer Grabstätte oder die Grabpflege der Hauptgrund, einen Friedhof aufzusuchen. Beinahe ein Viertel der Besucher kommt, um die ruhige Parkatmosphäre zu genießen, 8,2 Prozent wegen der Kontakte zu anderen Menschen. Fast jeder Fünfte ist interessiert an historischen Bauten und Grabmälern. (Bei der Umfrage waren Mehrfachnennungen möglich.)

BLUMEN FÜR DIE GRÄBER DER ARMEN

Kirchliche Handlungen machten damals einen großen Eindruck auf mich und vor allem bewegte mich das sonntägliche Memento und Requiem auf dem Friedhof. Dabei ging der Pfarrer nach der Predigt und den gemeinsamen christlichen Gebeten in Prozession mit den Gläubigen aus der Kirche auf den Gottesacker hinaus und hielt einen Umgang, währenddem der Herr Lehrer das Requiem sang und die Leute die Gräber ihrer Angehörigen mit Weihwasser besprengten, wofür ein jedes sein Weihbrunnkrügl mitgebracht hatte. Danach wurde am Grab gebetet, bis es zum Hochamt läutete. Während der feierlichen Handlung stand ich zwischen den Großeltern und fürchtete mich vor dem Tod.

Das tat ich aber nur an den Sonntagen; denn unter der Woche ging ich ohne Furcht auf den Gottesacker und richtete die Gräber der armen Leute wieder her, indem ich die Blumen von den Grä-

bern der Reichen nahm. Nach dieser Arbeit ging ich in die Kirche und wusch mir in dem großen Weihbrunnenzuber, der im hintersten Winkel stand, meine Hände.

LENA CHRIST

DER FRIEDHOF LEBT

Gelbhalsmaus und Feuersalamander, Zimbelkraut und Mauerraute – sie und viele andere Tiere und Pflanzen sind auf Friedhöfen zu Hause. Nicht selten leben hier sogar die Letzten ihrer Art. In alten Mauern, unter Hecken und Sträuchern, gut versorgt durch die vielen Komposthaufen, finden Waldohreulen, Eidechsen und das Braune Langohr, eine seltene Fledermausart, eine Zuflucht.

Welch vielfältiges Leben die Ruhestätten beherbergen, belegen viele Untersuchungen: 690 Arten Farn- und Blütenpflanzen wurden auf Berliner Friedhöfen gezählt. Viele von ihnen gelten laut »Roter Liste« als gefährdet. Vierzig Brutvogelarten fand man auf dem Sennefriedhof in Bielefeld, 224 Schmetterlingsarten auf dem Ohlsdorfer Friedhof in Hamburg. 48 Spinnenarten überwintern auf dem Heger Friedhof in Osnabrück.

Besonders alten Anlagen stellen die Biologen gute Zeugnisse aus. So entdeckten sie im alten Teil des Friedhofs im Bonner Stadtteil Bad Godesberg 22 Vogelarten, im neuen dagegen nur 15.

OBEN *Eichhörnchen leben gern auf Friedhöfen. Oft sind sie zutraulich, so dass man sie aus nächster Nähe beim Spielen und Sammeln beobachten kann.*

WILDES WACHSEN AUF DEN GRÄBERN

Das Krongut der unseren Schuljahren gehörigen Ländereien war aber und blieb der Schmelzer Friedhof. Er bildete mit seiner Dschungelvegetation des Dorado aller abenteuersüchtigen und vom Jagdfieber befallenen Knaben der umliegenden Vororte. Da gab es Eidechsen, Blindschleichen, Ringelnattern, verwilderte Kaninchen, viele Arten von Schmetterlingen und Käfern, manchmal eine pfeifende Ratte und dann den Jaguar dieser Wildnis, eine fauchende, verwilderte Katze; zermorschte, halb umgestürzte Grabkreuze, verwitterte Monumente ragten phantastisch aus der Schlingpflanzenwirrnis. Da und dort bildete das wuchernde Laub interessante Höhlen, die im Verein mit leeren Grüften prächtige Verstecke für verfolgte Räuber- oder Indianerhäuptlinge abgaben. Und rätselhafte, von der Zeit halb verwischte Inschriften ließen die junge Seele seltsame, fremde Schicksale ahnen. Größe, in Staub zerfallen, Dürftigkeit, in unirdische Erhabenheit verwandelt, brachten hier die Poesie des Vergänglichen in meinem aufschauernden Kinderherzen oft zum Ertönen. Das wilde, überaus üppige Wachsen und Blühen aus dem Boden der Gräber predigte dagegen dem sinnenden Knaben mehr Ewigkeit, als es die aufgeputzten Worte des Religionslehrers vermochten.

ALFONS PETZOLD

EIN LUSTLAGER WIRBELNDER AMEISEN

Wohl dir, lieber Wutz, dass ich – wenn ich nach Auenthal gehe und dein verrasetes Grab aussuche und mich darüber kümmere, dass die in dein Grab beerdigte Puppe des Nachtschmetterlings mit Flügeln darauskriecht, dass dein Grab ein Lustlager bohrender Regenwürmer, rückender Schnecken, wirbelnder Ameisen und nagender Räupchen ist, indes du tief unter allen diesen mit unverrücktem Haupte auf deinen Hobelspänen liegst und keine liebkosende Sonne durch deine Bretter und deine mit Leinwand zugeleimten Augen bricht – wohl dir, dass ich dann sagen kann: »Als er noch das Leben hatte, genoss er's fröhlicher wie wir alle.«

JEAN PAUL

LINKS *Kirchen, Burgruinen, einsame Alleen und Friedhöfe mit ihren hohen, alten Bäumen – hier halten sich Eulen mit Vorliebe auf. Caspar David Friedrich setzte den Vogel in ein gotisches Fenster.*

DER KILTGÄNGER UND DIE DANKBAREN TOTEN

Einen Kiltgänger* im Isental führte der Weg zu seiner Liebsten über den Friedhof. Jauchzend und jodelnd kam er jeweilen daher bis zum Eingang des Friedhofes, und wenn er diesen beim Türli wieder verließ, nahm er sein Jodeln wieder auf. Über den Friedhof hingegen schritt er schweigend einher. Das laute Wesen des Burschen missfiel dem Ortspfarrer, Peter Anton Egger (1848–1875), der ihn schon mehrere Male abgepasst hatte. Er bestellte endlich zwei handfeste Burschen, die dem Kiltgänger aufpassen, ihn festnehmen und in das Pfrundhaus bringen sollten. Sie vollführten den Auftrag, aber, als der Gesuchte erschien, hatte er zwei Begleiter bei sich; sie wagten es nicht, ihn zu packen, und meldeten es dem Pfarrer. Da bestellte er drei Bruschen, aber auch der Kiltgänger erschien mit drei Gespanen, zuletzt, als ihm fünfe auflauerten, kam auch er mit fünf Gehilfen. Da gab der Geistliche nach, ließ den Kiltgänger zu sich kommen und fragte ihn, wen er allemal auf

* Der Kiltgang (Schweiz; Fensterln in Bayern) war ein früher weit verbreiteter, von der Kirche nicht gern gesehener Brauch: Junge Männer zeigten sich nachts unter den Fenstern der Mädchen, die ernsthafte Bewerber einließen.

seinen nächtlichen Gängen bei sich habe. Der wusste nichts von seinen Begleitern, und darum fragte ihn der Pfarrer, was er denn mache. »Ich bete auf dem Friedhof zum Troste der armen Seelen.« Jetzt sagte der Pfarrer: »Lasst ihn machen, die armen Seelen begleiten ihn.«

HERR VON RIBBECK AUF RIBBECK IM HAVELLAND

Herr von Ribbeck auf Ribbeck im Havelland,
Ein Birnbaum in seinem Garten stand,
Und kam die goldene Herbsteszeit
Und die Birnen leuchteten weit und breit,
Da stopfte, wenn's Mittag vom Turme scholl,
Der von Ribbeck sich beide Taschen voll,
Und kam in Pantinen ein Junge daher,
So rief er: »Junge, wiste 'ne Beer?«
Und kam ein Mädel, so rief er: »Lütt Dirn,
Kumm man röwer, ick hebb 'ne Birn.«

So ging es viel Jahre, bis lobesam
Der von Ribbeck auf Ribbeck zu sterben kam.
Er fühlte sein Ende. 's war Herbsteszeit,
Wieder lachten die Birnen weit und breit,
Da sagte von Ribbeck: »Ich scheide nun ab.
Legt mir eine Birne mit ins Grab.«
Und drei Tage drauf, aus dem Doppeldachhaus,
Trugen von Ribbeck sie hinaus,
Alle Bauern und Büdner, mit Feiergesicht,
Sangen »Jesus meine Zuversicht«,
Und die Kinder klagten, das Herze schwer,
»He is dod nu. Wer giwt uns nu 'ne Beer?«

UNTEN *Auf vielen alten Kirchhöfen wuchsen Obstbäume. Pfarrer, Mesner oder Totengräber besserten mit den Früchten ihren Lohn auf.*

So klagten die Kinder. Das war nicht recht,
Ach, sie kannten den alten Ribbeck schlecht,
Der *neue* freilich, der knausert und spart,
Hält Park und Birnbaum streng verwahrt,
Aber der *alte*, vorahnend schon
Und voll Misstraun gegen den eigenen Sohn,
Der wusste genau, was damals er tat,
Als um eine Birn ins Grab er bat,
Und im dritten Jahr, aus dem stillen Haus,
Ein Birnbaumsprössling sprosst heraus.

Und die Jahre gehen wohl auf und ab,
Längst wölbt sich ein Birnbaum über dem Grab,
Und in der goldenen Herbsteszeit
Leuchtet's wieder weit und breit.
Und kommt ein Jung übern Kirchhof her,
So flüstert's im Baume: »Wiste 'ne Beer?«
Und kommt ein Mädel, so flüstert's: »Lütt Dirn,
Kumm man röwer, ick gew di 'ne Birn.«

So spendet Segen noch immer die Hand
Des von Ribbeck auf Ribbeck im Havelland.

THEODOR FONTANE

EINE KINDERGESCHICHTE

Ganz in der Ecke des Kirchhofs war ein verlassenes Grab. Nur Gras wuchs darauf und in dem Gras ganz versteckt ein paar wilde weiße oder blaue Blumen, die niemand gepflanzt hatte. Denn in dem Grab lag ein alter Hagestolz, der weder Frau noch Kind noch sonst irgendjemand hinterlassen hatte, der sich um das Grab kümmerte.

(...) Die zwei kleinen Kinder des Totengräbers, von denen ich nun erzählen will, hatten das alte, verlassene Grab in der Kirchhofsecke ganz besonders gern. Es war ihnen erlaubt, auf ihm zu spielen und herumzutrampeln, soviel sie Lust hatten, während sie die anderen Gräber nicht anrühren durften. (...)

Eines Tages kniete der kleine Junge vor dem verlassenen Grab und besah sich zufrieden das Loch, das er in dessen Seite mit seinen kleinen Händen hineingegraben hatte. Dann sagte er zu seiner Schwester: »Trinchen, unser Haus ist fertig. Ich habe es mit bunten Steinen ausgepflastert und Blumenblätter daraufgestreut. Ich will der Vater und du sollst die Mutter sein. – Guten Morgen, Mutter, was machen unsere Kinder?«

»Hans«, entgegnete die Kleine, »du musst nicht so schnell spielen. Ich habe doch noch keine Kinder, aber ich werde gleich welche bekommen.« Darauf lief sie zwischen den Gräbern und Büschen umher und kam wieder, beide Hände mit Schnecken gefüllt: »Höre, Vater, ich habe schon sieben Kinder, sieben wunderschöne Schneckenkinder!«

»Dann wollen wir sie gleich zu Bett bringen, denn es ist schon spät.«

Sie pflückten grüne Blätter ab, legten sie in das Loch, die bunten Schneckenhäuser darauf, und deckten jedes wieder mit einem grünen Blatt zu.

(…)

Inzwischen kam die junge Frau des Totengräbers mit zwei großen Butterbroten, denn die Vesperstunde hatte geschlagen. Sie küsste die beiden Kinder, hob sie auf, setzte sie auf das Grab und sagte: »Nehmt eure neuen Schürzen nur in Acht!«

Da saßen sie nun stumm wie die Spatzen und aßen. –

Aber der alte Hagestolz in seinem einsamen Grab hatte alles vernommen; denn die Toten hören alles sehr genau, was man an ihrem Grab spricht. Er dachte an die Zeit, als er noch ein kleiner Junge gewesen war. Da hatte er auch ein kleines Mädchen gekannt. Sie hatten zusammen gespielt, hatten Häuser gebaut und waren Mann und Frau gewesen. Dann dachte er an die spätere Zeit, als er das kleine Mädchen noch einmal gesehen hatte, wie es schon erwachsen war. Nachher hatte er nie wieder etwas von ihm gehört, denn er war seine eigenen Wege gegangen. Aber die waren wohl nicht sehr schön gewesen, denn je mehr er daran dachte und je mehr oben auf seinem Grab die Kinder schwatzten, um so trauriger wurde er. Er fing an zu weinen und weinte immer mehr. (…) Er weinte immer noch, als die Totengräberfrau längst die Kinder geholt und zu Bett gebracht hatte.

Als aber der Totengräber am nächsten Morgen durch den Kirchhof ging, da war aus dem alten verlassenen Grab eine Quelle entsprungen. Das waren die vielen Tränen, die der alte Hagestolz geweint hatte. Die Quelle rieselte hell aus dem Grabhügel hervor und kam gerade aus dem Loch, wo die beiden Kinder ihr kleines Häuschen hineingegraben hatten. Da freute sich der Totengräber, denn nun musste er das Wasser zum Begießen der Blumen nicht mehr vom Dorfbrunnen den steilen Weg hinauftragen. Er machte für die Quelle ordentlich Platz und fasste sie mit großen Steinen ein. Von jetzt an begoss er mit dem Wasser der neuen Quelle alle Gräber auf dem Kirchhof, und die Blumen auf ihnen blühten schöner als je zuvor.

Nur das Grab, worin der alte Hagestolz lag, begoss er nicht. Es war ja ein altes, verlassenes Grab, nach dem niemand fragte. Trotzdem wuchsen aber auf ihm die wilden Bergblumen üppiger als an jedem anderen Ort, und die beiden Kinder saßen oft an der Quelle, bauten Mühlen und ließen Papierschiffchen auf ihr schwimmen.

RICHARD VON VOLKMANN-LEANDER

DER LEICHENACKER ALS GESUNDBRUNNEN

Friedhofserde wurde früher als Heilmittel angesehen. Sie wirkte angeblich gegen Warzen, Zahnschmerzen, Gicht und viele andere Gebrechen. Allerdings mussten bei der Anwendung besondere Regeln befolgt werden. Sollte die Erde gegen Warzen helfen, so musste man schweigend drei Hände voll vom Grab eines Toten des anderen Geschlechts nehmen. Nach dem Einreiben der Warze musste die Erde wieder zurück auf das Grab gelegt werden. Fieber verschwindet, so hieß es, wenn man von drei Gräbern je eine Prise Erde nimmt, sie in ein Beutelchen legt und dies so an einen Rockknopf hängt, dass man es auf dem Heimweg verliert. Läuse hält man von sich fern, wenn man Erde von einem Friedhof, auf dem man noch nie gewesen ist, an einem neunten Tag im Monat vor Sonnenaufgang holt und an der rechten Seite bei sich trägt. In den Kaffee geschüttet, bewahrt Graberde vor Heimweh, unter die Saat gemischt, vor Vogelfraß.

Allgemein galt es als gesund, auf einem Friedhof zu übernachten. Wenn man das trotz aller Gefahren dreimal nacheinander schaffte, hieß es, werde man von Krankheiten geheilt. Und sollte man einer verzauberten Jungfrau begegnen, dann trage man sie schnellstens auf den Kirchhof, werfe sie dort auf den Boden – und schon ist sie erlöst!

UNTEN *Den Holzschnitt* Schlafender Knabe auf einem Grabhügel *fertigte Christian Friedrich nach einer Zeichnung seines Bruders Caspar David an.*

DIE DREI LINDEN AUF DEM HEILIGEN-GEIST-KIRCHHOF

Auf dem Kirchhof des früheren Hospitals zum Heiligen Geist (zwischen Heiligengeistgasse und Spandauer Straße) haben vor vielen Jahren drei gewaltig große Linden gestanden, die mit ihren Ästen den ganzen Raum weithin überdeckten.

Das Wunderbarste an diesen Bäumen war, dass sie angeblich mit den Kronen in die Erde gepflanzt waren und dennoch ein so herrliches Wachstum erreicht hatten.

»Aber dieses Wunder«, heißt es in einem alten Bericht, »hatte auch die göttliche Allmacht gewirkt, um einen Unschuldigen vom Tod zu erretten. Vor vielen, vielen Jahren lebten nämlich in Berlin drei Brüder, die mit der herzlichsten Liebe einander zugetan waren und mit Leib und Leben füreinander einstanden. So lebten sie glücklich und zufrieden, als dies Glück plötzlich durch einen Vorfall gestört wurde, den wohl keiner hätte ahnen können. Denn so unbescholtenen Wandels auch alle drei bisher gewesen waren, wurde doch der eine von ihnen plötzlich des Meuchelmordes angeklagt und sollte, obgleich er noch kein Geständnis getan, den Tod erleiden, da alle Umstände die ihm zur Last gelegte Tat wahrscheinlich machten. Noch saß er im Gefängnis, als eines Tages seine beiden Brüder vor dem Richter erschienen und jeder von ihnen sich des begangenen Mordes schuldig erklärte. Kaum hatte dies der zum Tod Verurteilte vernommen, als auch er, indem er erkannte, dass seine Brüder ihn nur retten wollten, der Tat geständig wurde, und so auf einmal statt eines Täters drei vor Gericht standen, von denen jeder mit gleichem Eifer behauptete, dass er allein jenen Mord begangen.

Da wagte der Richter nicht den Urteilsspruch an dem Ersten zu vollstrecken, sondern legte den Fall zuvor noch einmal dem Kurfürsten vor, welcher verordnete, dass hier ein Gottesurteil entscheiden solle. Er befahl daher, ein jeder der drei Brüder solle eine junge, gesunde Linde mit der Krone in das Erdreich pflanzen, so dass die Wurzeln nach oben stünden; wessen Baum dann vertrocknen würde, den hätte Gott selbst dadurch als den Täter bezeichnet.

LINKS *Eine falsch herum eingepflanzte Friedhofslinde, die dennoch ausschlug, soll den Rechenmeister Adam Ries der Sage nach zum Gläubigen gemacht haben.*

Dies Urteil sollte dann sogleich beim Anbruch des Frühlings vollzogen werden, aber siehe da! nur wenige Wochen vergingen, und alle drei Bäume, die man auf dem Heiligen-Geist-Kirchhof gepflanzt hatte, bekamen frische Triebe und wuchsen bald zu kräftigen Bäumen heran. So wurde denn die Unschuld der drei Brüder erwiesen, und die Bäume haben noch lange in üppiger Kraft an der alten Stelle gestanden, bis sie endlich verdorrt sind und anderen Platz gemacht haben.«

DA IST KEIN TRAUERN HEUT

Zu Stralow auf dem Kirchhof,
Da ist kein Trauern heut,
Es grünen um die Wette
Die Gräber und die Freud.

Grabhügel werden zum Lager
Für manches Liebespaar,
Der Rasen wird zum Tische
Für Karten und Würfel gar.

Und wo die schattige Rüster
Ernst auf ein Grab sich senkt,
Ein Grab, darinnen süß träumend
Die Braut des Bräutigams denkt.

THEODOR FONTANE

DER FRIEDHOF

In graden Reihen efeudichtbedeckt,
Gleich Betten im Spital, stehen die Gräber.
Ein Kreuz aus Stein vernarrte Neugier weckt,
Wer hier verscharrt. Der Tag, der helle Weber,
Webt Lichterfäden um der Treu Geranien,
Ein leiser Widerschein spielt in den Sarg.
Sie ruhen unter blühenden Kastanien,
Ihr Lebenssaft steigt denen tief ins Mark.
Zwischen zwei Gräbern welken rote Blumen,
Das Erdreich ist zerdrückt, das Laub zerfetzt.
Hier wälzten sich die Nacht auf weichen Krumen
Zwei Wildverliebte, von der Brunst gehetzt.
In ihre Schreie sprangen klirrend Knochen
Und Schädel, die nach reifem Heumond rochen.

KLABUND

TREFFPUNKT TOTENGARTEN

Am dritten Wochenende im September zeigen sich viele Friedhöfe von ihrer lebendigsten Seite. Am »Tag des Friedhofs« rücken Musik und Theater, Lesungen, Führungen und Ausstellungen den stillen Ort in den Mittelpunkt der Gesellschaft. Die Initiatoren – Kommunen, Bestatter, Floristen, Steinmetzen und Vereine – wollen Schwellenängste abbauen und auf die Vielseitigkeit der alten Kulturstätten hinweisen.

DER KIRCHHOF

Den Umweg vom Sträßlein zur Straßen,
Den schneidet ein jeder ab:
Es führt eine schmale Gassen
Über den Kirchhof hinab.

Der rußschwarze Rauchfangkehrer
Geht hier und der mehlweiße Bäck,
Es spart sich der alte Lehrer
Und der junge Pfarrer das Eck.

Der alte Lehrer, der schneuzt sich
Umständlich ins rote Tuch,
Der junge Pfarrer bekreuzt sich
Und schaut in sein schwarzes Buch.

Die Hausfrauen, ohne Schaudern
Stehn schwatzend mitten im Tod;
Am Leichenstein ist gut plaudern
Vom Alltag und seiner Not.

Die fremden Herren und Damen,
Die Sommerfrischler im Ort,
Die lesen die spaßigen Namen
Und lächeln und gehen fort.

Nur nachts, im Mondlicht, im bleichen,
Huscht jeder ängstlich vorbei:
Ob nicht an der Kirchwand ein Zeichen
Für ihn schon geschrieben sei.

EUGEN ROTH

UNTEN *Nur noch einige denkmalgeschützte Grabmäler sind auf dem Golzheimer Friedhof in Düsseldorf erhalten, der vor über hundert Jahren geschlossen wurde und heute teilweise als Grünanlage genutzt wird. Das Gemälde des Landschaftsmalers Caspar Johann Scheuren zeigt ihn um 1830 – romantisch und einsam.*

TEXTNACHWEIS

Die Herausgeberin Iris Schürmann-Mock verfasste für dieses Buch die Texte auf S. 7, 11, 15 f., 18 f., 23 ff., 33, 36, 40, 52 ff., 55, 57 ff., 62, 69, 71, 72 f., 77, 79 f., 85 f., 86, 87, 89 f., 90 f., 91, 93 ff., 99 f., 100 f., 109 f., 111, 113 f., 114, 121 f., 128 f., 133, 134 f., 137, 138, 139, 147, 150.

Arnim, Achim von/Brentano, Clemens: *Des Knaben Wunderhorn*, hg. von Heinz Rölleke, Insel Verlag, Frankfurt am Main/Leipzig 2003, S. 875 f. (37 f.)

Bechstein, Ludwig: Deutsches Sagenbuch, hg. von Martin Schiller, Hendel Verlag, Meersburg/Leipzig 1930, S. 68 f. (55), 478 (101)

Borchers, Elisabeth: »Trauerbänder«, aus: dies: *Wer lebt. Gedichte*, © Suhrkamp Verlag, Frankfurt am Main 1986. Alle Rechte bei und vorbehalten durch Suhrkamp Verlag, Berlin (S. 92 f.)

Büchsel, Carl: *Aus dem Leben eines Landgeistlichen*, Gustav Warneck Verlag, Berlin ^{10}1925, zitiert nach: *Deutsche Sozialgeschichte 1815–1870*, hg. von Werner Pöls, Verlag C. H. Beck, München 1979, S. 87 (38 ff.)

Busch, Wilhelm: *Zu guter Letzt*, Friedrich Bassermann'sche Verlagsbuchhandlung, München $^{80-84}$1924, S. 114 f. (107)

Christ, Lena: *Erinnerungen einer Überflüssigen*, in: dies: *Gesammelte Werke*, Süddeutscher Verlag, München ^{6}1981, S. 36 (138 f.)

Claudius, Matthias: *Der Sämann säet den Samen*, zitiert nach: *Der ewige Brunnen. Ein Hausbuch deutscher Dichtung*, hg. von Ludwig Reiners, Verlag C. H. Beck München ^{2}1976, Nachdruck von 1959, S. 266 (116)

ders.: *Sämtliche Werke*, Winkler Verlag, München 1968, S. 17 (45 f.), 57 (63), 97 f. (108), 183 f. (19 f.)

Droste-Hülshoff, Annette von: *Sämtliche Werke*, Carl Hanser Verlag, München 1966, S. 167 ff. (35 f.)

Duller, Eduard: *Die Donau*, Verlag Lothar Borowsky, München o. J., S. 280 (112 f.)

Ebner-Eschenbach, Marie: *Aphorismen*, Paetel, Berlin 1911 (S. 41)

dies.: *Aphorismen, Parabeln und Märchen*, Winkler Verlag, München 1982, S. 55 f. (47 f.)

dies.: *Gesammelte Schriften*, Bd. 1: *Aphorismen, Parabeln, Märchen und Gedichte*, Paetel, Berlin 1893 (S. 69)

Eichendorff, Joseph von: *Werke*, Carl Hanser Verlag, München ^{4}1971, S. 231 (67)

Fontane, Theodor: *Gedichte*, hg. von Rüdiger Görner, Insel Verlag, Frankfurt am Main/Leipzig 1998, S. 31 f. (116 f.), 39 f. (149), 79 f. (46 f.), 157 f. (143 f.)

ders.: *Wanderungen durch die Mark Brandenburg*, Bd. 1: *Die Grafschaft Ruppin*, Nymphenburger Verlagshandlung, München 1971, 1977, S. 330 ff. (20)

ders.: *Wanderungen durch die Mark Brandenburg*, Bd. 2: *Das Oderland*, Nymphenburger Verlagshandlung, München 1971, 1977, S. 66 ff. (16 f.)

ders.: *Wanderungen durch die Mark Brandenburg*, Bd. 3: *Havelland*, Nymphenburger Verlagshandlung, München 1971, 1977, S. 328 f. (114 f.)

Goethe, Johann Wolfgang von: *Gesammelte Verse und Gedichte*, Lechner-Verlag, Limassol 1993, S. 57 f. (103 ff.), 252 f. (63), 360 (64)

ders.: *Wahlverwandtschaften*, aus: ders.: *Goethe Werke*, Bd. 3, Insel Verlag, Frankfurt am Main 1966, S. 450 ff. (126 f.)

Gretzschel, Matthias: *Historische Friedhöfe in Deutschland, Österreich und der Schweiz*, Callwey Verlag, München 1996, S. 111 (43)

Grimm, Jacob und Wilhelm: *Kinder und Hausmärchen, gesammelt durch die Brüder Grimm*, Bd. 1, Insel Verlag, Frankfurt am Main 1984, S. 154 f. (115)

dies.: *Kinder und Hausmärchen, gesammelt durch die Brüder Grimm*, Bd. 2, Insel Verlag, Frankfurt am Main 1984, S. 235 f. (68)

Gryphius, Andreas: *Werke in einem Band*, Aufbau-Verlag, Berlin/Weimar ^{5}1985, S. 53 (64), 58 f. (74 f.)

Hahn, Ulla: *Unerhörte Nähe*, © 1988 Deutsche Verlags-Anstalt, München, in der Verlagsgruppe Random House GmbH (S. 131)

Hebbel, Friedrich: *Werke in zwei Bänden*, hg. von Gerhard Fricke, Carl Hanser Verlag, München 1952, zitiert nach: *Besuch bei Toten*, hg. von Peter Maigler, Insel Verlag, Frankfurt am Main 1985, S. 93 (21), 95 (119)

Hebel, Johann Peter: *Briefe*, Bd. 2: *Briefe der Jahre 1810–1826*, hg. von Wilhelm Zentner, Verlag C. F. Müller, Karlsruhe 1957 (S. 16)

ders.: *Gesammelte Werke*, hg. von Rolf Max Kully, Bertelsmann GmbH, Lizenzausgabe mit Genehmigung des Sigbert Mohn Verlags, Gütersloh o. J., S. 336 f. (50 ff.)

Heine, Heinrich: *Werke. Sonderausgabe in zwei Bänden*, Bd. 1, Verlag Richard Löwit, Wiesbaden o. J., S. 163 (72), 180 f. (105), 438 (9)

Heym, Georg: *Dichtungen und* Schriften, Bd. 1: *Lyrik*, hg. von Karl Ludwig Schneider, Verlag

Heinrich Ellermann, Hamburg/München 1964, S. 535 f. (72), 639 f. (22 f.)

Hölderlin, Friedrich: *Sämtliche Werke und Briefe*, Bd. 1, hg. von Ulrich Mieth, Carl Hanser Verlag, München 1970, zitiert nach: *Besuch bei Toten*, hg. von Peter Maigler, Insel Verlag, Frankfurt am Main 1985, S. 87 (11 f.)

Jandl, Ernst: *Poetische Werke*, hg. von Klaus Siblewski, © 1997 Luchterhand Literaturverlag, München, in der Verlagsgruppe Random House GmbH (S. 42)

Jöckle, Clemens: *Memento Mori. Berühmte Friedhöfe Europas*, Nebel Verlag, Utting 2011, S. 134 (29)

Kaléko, Mascha: *In meinen Träumen läutet es Sturm*, © 1977 Deutscher Taschenbuch Verlag, München (S. 60 f.)

Kaschnitz, Marie-Luise: »Begräbnisgedicht«, aus: dies.: *Gesammelte Werke in sieben Bänden*, Bd. 5: *Die Gedichte*, © Insel Verlag, Frankfurt am Main 1985. Alle Rechte bei und vorbehalten durch Insel Verlag Berlin (S. 48 f.)

Kästner, Erich: »Alte Frau aus dem Friedhof«, aus: ders.: *Doktor Erich Kästners lyrische Hausapotheke*, © Atrium Verlag, Zürich 1936 (S. 32)

Keller, Gottfried: *Der grüne Heinrich*, Winkler Verlag, München [10]1991, S. 7 f. (12 f.)

ders.: *Sämtliche* Werke, Bd. 3, Carl Hanser Verlag, München [3]1972, S. 114 f. (129 ff.), 119 ff. (82 f.)

Kempner, Friederike, aus: »Finster und stumm. Nocturno«, zitiert nach: Gerhart Herrmann Mostar (Hg.): *Friederike Kempner. Der schlesische Schwan*, Deutscher Taschenbuch Verlag, München [3]1968, S. 28 f. (83), 29 (80)

Klabund: *Der himmlische Vagant. Eine Auswahl aus dem Werk*, hg. von Marianne Kesting, Kiepenheuer & Witsch, Köln 1968, S. 339 f. (150)

Kleist, Heinrich von: *Heinrich von Kleists Werke*, Bd. 4, hg. von Erich Schmidt, Bibliographisches Institut, Leipzig o. J., S. 196 (61)

Kollwitz, Käthe: *Ich will wirken in dieser Zeit. Auswahl aus den Tagebüchern und Briefen, aus Graphik, Zeichnungen und Plastik*, hg. von Dr. Hans Kollwitz, Ullstein Taschenbuchverlag, München 2000, © Erbengemeinschaft Käthe Kollwitz (S. 76 f.)

Kurz, Isolde: »Die erste Nacht«, zitiert nach: *Der ewige Brunnen. Ein Hausbuch deutscher Dichtung*, hg. von Ludwig Reiners, Verlag C. H. Beck München [2]1976, Nachdruck von 1959, S. 257 (92)

Lasker-Schüler, Else: »Senna Hoy«, aus: dies.: *Werke und Briefe. Kritische Ausgabe*, Bd. 1: *Die Gedichte*, © Jüdischer Verlag im Suhrkamp Verlag, Frankfurt am Main 1996. Alle Rechte bei und vorbehalten durch Suhrkamp Verlag Berlin (S. 117 f.)

Lenau, Nikolaus: *Lenaus Werke*, hg. von Walter Dietze, Aufbau-Verlag, Berlin/Weimar 1981, S. 100 ff. (124 ff.)

ders.: *Werke und Briefe*, Bd. 2, hg. von Anatol Mädl, Verlag Deuticke und Verlagsgemeinschaft Klett Cotta, Wien 1995, S. 93 (98)

Lenz, Ludwig/Eichler, Ludwig: *Genrebilder und Skizzen. Zwei Teile*, Berlin 1840, zitiert nach: Pöls, Werner (Hg.): *Deutsche Sozialgeschichte 1815–1870*, Verlag C. H. Beck, München 1979, S. 87 ff. (26 ff.)

Lenz, Siegfried: *So zärtlich war Suleyken*, © 1955 by Hoffmann und Campe Verlag, Hamburg (S. 88 f.)

Lichtenberg, Georg Christoph: *Lichtenbergs Werke in einem Band*, ausgewählt und eingeleitet von Hans Friederici, Aufbau Verlag, Berlin/Weimar 1985, S. 29 (44 f.)

ders.: *Sudelbücher*, Marixverlag, Wiesbaden 2006 (S. 117)

Liliencron, Detlev von: »Auf dem Kirchhof«, zitiert nach: *Der ewige Brunnen. Ein Hausbuch deutscher Dichtung*, hg. von Ludwig Reiners, Verlag C. H. Beck, München [2]1959, Nachdruck 1976, S. 270 (119)

ders.: *Gute Nacht*, Schuster & Loeffler, Berlin 1909, S. 91 f. (64 ff.), 107 f. (73 f.)

Luther, Martin: *Gesammelte Werke*, Ausgabe Weimar, WA 23, S. 338–372, zitiert nach: Sörries, Reiner: *Ruhe sanft*, Butzon & Bercker, Kevelaer 2009, S. 111 (123)

Meyer, Conrad Ferdinand: *Gesammelte Werke*, hg. von Otto Mann, Sigbert Mohn Verlag, Gütersloh o. J., zitiert nach: ders.: *Gesammelte Werke*, Lizenzausgabe für Bertelsmann, Reinhard Mohn OHG, Gütersloh, den Europäischen Buch- und Phonoklub, Stuttgart, und die Buchgemeinschaft Donauland, Wien o. J., S. 30 (50)

Morgenstern, Christian: *Gesammelte Werke*, Piper, München [12]1976, S. 343 (123), 518 (62), 519 (63)

Mörike, Eduard: *Maler Nolten*, Insel Verlag, Frankfurt am Main 1979, zitiert nach: *Besuch bei Toten*, hg. von Peter Maigler, Insel Verlag, Frankfurt am Main 1985, S. 91 f. (10)

Müller, Wilhelm: *Vermischte Schriften*, hg. von Gustav Schwab, Leipzig 1830, zitiert nach: *Besuch bei Toten*, hg. von Peter Maigler, Insel Verlag, Frankfurt am Main 1985, S. 86 (31)

Neumann, Siegfried: *Sagen aus Pommern*, © 1991 Diederichs Verlag, München, in der Verlagsgruppe Random House GmbH (S. 102)

Novalis: *Schriften*, Bd. 1, hg. von Paul Kluckhohn/Richard Samuel, Wissenschaftliche Buchgemeinschaft, Darmstadt 1977, S. 479 (14)

Opitz, Martin: *Opera Omnia. Das ist geistliche und weltliche Poemata*, 2 Teile, Amsterdam 1645–

46, zitiert nach: *Von der Eitelkeit der Welt. Barockgedichte*, hg. von Herbert Heckmann, Verlag Klaus Wagenbach, Berlin 1994, S. 111 (64)

Paul, Jean: *Leben des vergnügten Schulmeisterlein Maria Wutz in Auenthal*, hg. von Adalbert Elschenbroich, Verlag Lensing, Dortmund o. J., S. 105 (141)

Petzold, Alfons: *Das rauhe Leben*, Aufbau Verlag, Berlin / Weimar 1985, S. 59 (140)

Rilke, Rainer Maria: *Gesammelte Werke*, Bd. 4: *Prosa*, Insel Verlag, Frankfurt am Main / Leipzig 2003, S. 85 f. (136 f.)

Ringelnatz, Joachim: *Gedichte*, Karl Henssel Verlag, Berlin 1959, zitiert nach: ders.: *Und auf einmal steht es neben dir. Gesammelte Gedichte*, Lizenzausgabe des Deutschen Bücherbundes, Stuttgart / Hamburg / München 1950, S. 11 f. (18), 517 (75 f.)

Rölleke, Heinz (Hg.): *Das große deutsche Sagenbuch*, Albatros Verlag, Düsseldorf 2001, S. 351 f. (148 f.), 964 f. (142 f.)

Rosegger, Peter: *Die Schriften des Waldschulmeisters*, Verlag von L. Staackmann, Leipzig 1914, S. 11 (111 f.), 160 (4)

Roth, Eugen: *Sämtliche Werke*, München / Wien 1977, Bd. 1 / 5, © Eugen Roth (S. 43 f., 150 f.)

Rückert, Friedrich: *Kindertodtenlieder*, hg. von Hans Wollschläger, Greno Verlagsgesellschaft, Nördlingen o. J., S. 230 (118), 378 (66 f.)

Scherf, Dagmar: »Vermisst, verschleppt, verschollen« (unveröffentlichtes Gedicht), aus: dies.: *Requiem für einen vermissten Vater*, © Dagmar Scherf 2008 (S. 77 f.)

Schiller, Friedrich: *Werke und Briefe in zwölf Bänden*, Bd. 1: *Sämtliche Gedichte*, hg. von Georg Kurscheidt, Deutscher Klassiker Verlag, Frankfurt am Main 1992, S. 521 (62)

Schlundt, Rainer (Hg.): *Sagen aus Rheinland-Pfalz*, Eugen Diederichs Verlag, München 1983, S. 82 (106)

Seidl, Johann Gabriel: *Johann Seidls ausgewählte Werke in vier Bänden*, Bd. 1, hg. von Dr. Wolfgang Wurzbach, Max Hesses Verlag, Leipzig 1905, S. 209 f. (29 ff.)

Stadtarchiv Bornheim: Sammlung Norbert Zerlett, Bd. 24, S. 13 (41), 15 (41 f.)

Storm, Theodor: *Am grauen Meer. Gesammelte Werke*, hg. von Rolf Hochhuth / Reinhard Mohn, Bertelsmann, Gütersloh o. J., S. 240 ff. (132 f.)

Strauß, David Friedrich: »Aus dem Grabe«, zitiert nach: *Der ewige Brunnen. Ein Hausbuch deutscher Dichtung*, hg. von Ludwig Reiners, Verlag C. H. Beck, München [2]1959, Nachdruck 1976, S. 267 (54)

Thoma, Ludwig, aus: *Andreas Vöst*, aus: ders.: *Gesammelte Werke*, Bd. 4, Verlag Albert Langen / Georg Müller, München 1932, S. 103 ff. (70 f.)

Trakl, Georg: *Ruh und Schweigen*, Albatros Verlag, Bukarest 1971, S. 19 f. (112)

ders.: *Dichtungen und Briefe*, hg. von Walther Killy / Hans Szklenar, Bd. 1, Otto Müller Verlag, Salzburg 1969, zitiert nach: *Besuch bei Toten*, hg. von Peter Maigler, Insel Verlag, Frankfurt am Main 1985, S. 115 f. (18), 214 (98 f.)

Tromlitz, A.: *Sächsische Schweiz*, Verlag Lothar Borowsky, München o. J., S. 175 (128)

Tucholsky, Kurt: *Gesammelte Werke*, Bd. 4, hg. von Mary Gerold-Tucholsky / Fritz Raddatz, Rowohlt Taschenbuch Verlag, Reinbek bei Hamburg 1969, S. 123 f. (96 f.)

Volkmann-Leander, Richard von: *Träumereien an französischen Kaminen*, Arena Verlag, Würzburg 1963, S. 63 (144 ff.)

Winter-Tymian, Emil: *Lieder-Perlen von Emil Winter-Tymian*, Teich Verlag, Leipzig 1902, S. 211 (108 f.)

Zarnack, Joachim August: *Deutsche Volkslieder II*, Berlin 1820, zitiert nach: *Der Zupfgeigenhansel*, hg. von Hans Breuer, B. Schott's Söhne, Mainz o. J., S. 75 (133 f.)

Zaunert, Paul (Hg.): *Rheinland Sagen*, Eugen Diederichs Verlag, Düsseldorf / Köln 1969, S. 136 f. (80 ff.)

BILDNACHWEIS

o. = oben, u. = unten, r. = rechts, l. = links, M. = Mitte

Einbandvorderseite Jacob Bratland: *Auf dem Friedhof*, 1889 (Ausschnitt), Foto: Bridgeman Art Library/O. Vaering; **S. 1** Foto: ©Jule Baumeister; **2** Fotografie: Friedhof Altenwerder, Hamburg, Foto: Pixelio/Maren Beßler; **4** Prof. Dr. Otto Wilhelm Thomé: *Flora von Deutschland, Österreich und der Schweiz: Immergrüner Buchsbaum* (Buxus sempervirens), 1885–1905; **5** Valentin Ruths: *Der alte St.-Jacobi-Kirchhof in Hamburg*, 1890 (Ausschnitt), Foto: bpk/Hamburger Kunsthalle/Elke Walford; **6** Jan Frans van Dael: *Julies Grab*, 1803–1804 (Ausschnitt), Foto: Picture alliance/akg-images Berlin/Laurent Lecat; **8** Carl Gustav Carus: *Mondnacht über Eldena*, o. J. (Ausschnitt), Foto: bpk/Museum der Bildenden Künste, Leipzig/Ursula Gerstenberger; **9** Franz Xaver Reinhold: *Ein Friedhof im Salzkammergut*, ca. 1890 (Ausschnitt); **10 o.** Ansichtskarte: *Kirche in der Ramsau*, Mitte 20. Jhd.; **10 u.** Caspar David Friedrich: *Sarg am Grab*, um 1836 (Ausschnitt); **11 o.** Fotografie: Grabdenkmäler, Gartenfriedhof, Hannover, Foto: Pixelio/Birgit Winter; **11 u.** von unbekannt: *Das Mädlein und die bunden Stäbe*, frühes 18. Jhd.; **12** Ferdinand Johann von Olivier: *Der Gottesacker der Franziskanerkirche zu Berchtesgaden im Erzstift Salzburg*, 1818; **13** Édouard Vallet: *Walliser Kirchhof*, 1910, Foto: Picture alliance/akg-images Berlin; **14 o.** Foto: ©Jule Baumeister; **14 u.** Ranke, o. A.; **15** Jakob Wimpfeling: *Allegorie auf den Tod*, 1505, Foto: bpk; **16** Hans Baldung, genannt Grien: *Die Lebensalter und der Tod*, um 1540–45; **17** Christian Rohlfs: *Friedhofsmauer in Weimar*, 1899, Foto: Picture alliance/akg-images Berlin; **18** Ansichtskarte: Bienen und Blumenblüten, frühes 20. Jhd.; **19** Heinrich Knoblochtzer: *Heidelberger Totentanz: Der Tod und der Kardinal*, nicht nach 1488; **20** Fotografie: Grab Carvens-Rackwitz, Friedhof Ohlsdorf, Hamburg, o. J.; **21** Johann Baptist Sonderland nach Caspar Johann Scheuren: *Hildegund* (Illustration zur Sage von Roland und Hildegunde und der Insel Nonnenwerth), 1858, Foto: Picture alliance/akg-images Berlin; **22** Ansichtskarte: *Alter Glockenturm und Friedhof in Ramelsloh*, frühes 20. Jhd.; **23 o.** *Brockhaus' Kleines Konversations-Lexikon*: *Stachelbeerspanner* (Abraxas grossulariata), 1911; **23 u.** Franz Skarbina: *Sargmacherlehrling*, 1870; **24 o.** W. Grögler: *Seelnonne im Heiligengeistspital, Stralsund*, 1879; **24 u.** Fotografie: Grabstele Paul Christopher von Schaumann, Friedhof Boldixum, 1935, Foto: Landesamt für Denkmalpflege Schleswig-Holstein; **25** Fotografie: In der Werkstatt eines Grabsteinbildhauers: Gesellen beim Bearbeiten von Grabsteinen und Urnen, 1930er Jahre, Foto: bpk/Friedrich Seidenstücker; **26** Ansichtskarte: *Kirchhof mit Ruine und Friedhof, Oybin, Sachsen*, 1920er Jahre; **27** Christoph Weigel: *Abbildung und Beschreibung der gemeinnützlichen Hauptstände: Der Leich-Bitter*, 1698; **28 o.** nach Otto Fickentscher: *Eine Leichenbitterin in Husum (Schleswig)*, 1865; **28 u.** Efeuranke, o. A., © fotolia/Actomic; **29** Sarg, Schädel, Gebeine, o. A.; **30** Christoph Weigel: *Abbildung und Beschreibung der gemeinnützlichen Hauptstände: Der Todtengräber*, 1698, Foto: Picture alliance/akg-images Berlin; **31** Caspar David Friedrich: *Das Friedhofstor (Der Kirchhof)*, 1825/30; **32** Ansichtskarte: *Frau mit Hund vor dem Friedhof*, 1920er Jahre; **33** Caspar David Friedrich: *Eule vor dem Mond*, um 1836/37; **34** Foto: ©Jule Baumeister; **35** Kranz, o. A.; **36 o.r.** Lucas Cranach d. Ä.: *Heiliger Michael*, 1506 (Ausschnitt); **36 u.l.** Hans Sebald Beham: *Heiliger Christophorus*, frühes 16. Jhd.; **37** Franz Eybl: *Junges Mädchen, ein Grabkreuz bekränzend*, 1838 (Ausschnitt), Foto: bpk/Nationalgalerie, SMB/ Andres Kilger; **38 l.** Marie Egner: *Alter Friedhof*, um 1883/84 (Ausschnitt); **38 r.** Rose, o. A., © fotolia/shlapak_liliya; **39** Walter Firle: *Im Trauerhaus*, 1901, Foto: bpk; **40** Carl Gustav Carus: *Gedächtnisbild für Caspar David Friedrich*, 1840; **41 M.r.** Foto: Pixelio/Uwe Bergeest; **41 u.** Leichenwagen, um 1900; **42** Fotografie: Bestattungswagen der Stadt Bornheim, 1946, Foto: Stadtarchiv Bornheim, Sammlung Norbert Zerlett, Bildbestand; **43 o.** Franz Xaver Reinhold: *Ein Friedhof im Salzkammergut*, ca. 1890 (Detail); **43 u.** Leopold Graf von Kalckreuth: *Dachauer Leichenzug*, Studie, 1882, Foto: Picture alliance/akg-images Berlin; **44 o.l.** Hans Baluschek: *Kameraden (Vom Begräbnis)*, 1921 (Ausschnitt); **44 u.** Fotografie: Grabkreuz Nothburg Nindl, Museumsfriedhof Kramsach, Tirol, Foto: Pixelio/Wilfried H. Probst; **45** Fotografie: Mann auf dem Sterbebett, um 1930, Foto: Picture alliance/akg-images Berlin; **46** Leonhard Schenk: *Leichenzug in Hamburg*, um 1800; **47** Fresko *Totentanz*, Seelenkapelle, Straubing, 1763, Foto: Picture alliance/akg-images Berlin/Heiner Heine; **48 o.** *Cholera-Epidemie in Hamburg – Massengrab auf dem Friedhof in Ohlsdorf*, 1892, Foto: bpk; **48 u.** Fotografie: Betrachtungssärglein, o. J., Foto: © Rheinisches Bildarchiv, Marion Mennicken, rba_co19925; **49** Ansichtskarte: *Bittgang, Prozession auf dem Weg zur Kirche*, Mitte 20. Jhd.; **50 o.** Ansichtskarte: *Begräbnis der Armen, Pferdewagen*, o. J.; **50 u.** Fotografie: Grabkreuz, o. A., Foto: imago/PanoramiC; **51** Ansichtskarte: *Gefunden*, 1910er Jahre; **52** Hans Leinberger: *Heiliger Sebastian*, um 1520 (Ausschnitt); **53** Fotografie: Friedwald im Biosphärenreservat bei Dessau-Roßlau, Foto: Picture alliance/dpa; **54** Lilie, o. A., © fotolia/tanais; **55** Fotografie: Grabstein, Friedhof Schrecksbach, 1956, Foto: Bildarchiv Foto Marburg/Karl Rumpf; **56** Fotografie: Grabsteinsymbolik – Taube mit Ölzweig, sog. Seelenvogel, 2006, Foto: Fotodesign Christian Ohde; **57 M.r.** *Meyers Großes Konversations-Lexikon: Blätter des Efeu* (Hedera Helix), 1905; **57 u.** Fotografie: Grabsteine an der Kirche in Weinsberg, 1966; **58 u.M.** Fotografie: Grabstein Patrekieff, Friedhof Heide, 1968, Foto: Landesamt für Denkmalpflege Schleswig-Holstein; **58 u.r.** Fotografie: Grabstein am Alten Friedhof an der Stadtkirche St.-Peter und Paul, Weimar, 2008, Foto: imago/McPHOTO; **59 u.l.** Fotografie: Grabstein, Jüdischer Friedhof, Schönhauser Allee, Berlin-Prenzlauer Berg, 2005, Foto: Picture alliance/akg-images Berlin/Jürgen Raible; **59 u.M.** Fotografie: Grabstein Familie Börger, Friedhof St.-Michaels-Kapelle, Marburg, 1977, Foto: Bildarchiv Foto Marburg; **59 u.r.** Fotografie: Grabstein Dirk Cramers, Friedhof St.-Johannes-Kirche, Föhr, o. J.; **60 o.l.** Fotografie: Grabskulptur, Melatenfriedhof, Köln, 2010, Foto: Pixelio/Charly-I; **60 M.l.** Fotografie: Grabstele Paul Christopher von Schaumann, Friedhof Boldixum, 1935 (Detail), Foto: Landesamt für Denkmalpflege Schleswig-Holstein; **61** Fotografie: Historischer Friedhof, Weimar, 2008, Foto: Pixelio/onkel jo; **62 o.l.** Fotografie: Grabkreuz Martin Krug, Museumsfriedhof Kramsach, Tirol, Foto: Pixelio/Wilfried H. Probst; **62 u.l.** Ansichtskarte: *Alter Grabstein an der Kirche in Nebel, Insel Amrum*, Mitte 20. Jhd.; **63** *Zweig des Abendländischen Lebensbaums* (Thuja occidentalis), o. A.; **64 M.l.** Lovis Corinth: *Tod und Jüngling*, 1922; **64–65 u.** Heinrich Knoblochtzer: *Heidelberger Totentanz: Der Tod und das junge Kind*, nicht nach 1488; **65 o.** Caspar David Friedrich: *Kügelgens Grab*, 1821/22; **66 o.** Engel bläst Seifenblasen, o. A.; **66 u.** Albert Anker: *Das Kinderbegräbnis*, 1863 (Ausschnitt); **67 o.** Foto: © Jule Baumeister; **67 u.** Zweig, o. A.; **68 o.** Fotografie: eine Mutter mit dem »Geist« des verstorbenen Kindes, um 1870, Foto: Picture alliance/Mary Evans Picture Library/College of Psychic Studies; **68 u.** Fotografie: Putto mit Kreuz, Grabskulptur, Ohlsdorfer Friedhof, Hamburg, 2008, Foto: Pixelio/Marco Barnebeck; **69** Schmetterling, Veilchen, Vergissmeinnicht, um 1900; **70** Benjamin Marc Louis Vautier: *Am Grab des Kindes*, um 1865, Foto: bpk; **71** Wilhelm Hessloehl evtl. nach August Anton Tischbein: *Der Todtengraeber*, Mitte 19. Jhd (Ausschnitt); **72 o.r.** Prof. Dr. Otto Wilhelm Thomé: *Flora von Deutschland, Österreich und der Schweiz: Gemeine Wegewarte* (Cichorium intybus), 1885–1905; **72 M.l.** Foto: © Jule Baumeister; **73** Alfred Brehm: *Brehms Thierleben. Allgemeine Kunde des Thierreichs*, Neunter Band, Vierte Abtheilung: *Wirbellose Thiere*, Tafeln zu Band 9: *Frühlingsbild aus dem Insektenleben*, 1884; **74** Caspar David Friedrich: *Eule am Grab*, um 1836/37; **75** Caspar David Friedrich: *Das Kreuz an der Ostsee*, 1815; **76** Ansichtskarte: *Essey – Deutsche Heldengräber auf dem Kirchhofe*, 1915; **77** Fotografie: Soldatenfriedhof, 2009, Foto: Pixelio/A. Dengs; **78 l.** R. Püttner: *Im Friedhofe des Diaconissen-Stiftes*, 1871 (Ausschnitt); **78–79 o.** Wilder Wein, o. A., © fotolia/davidundderriese; **79 u.** Konstruktionszeichnung einer Überwachungsanlage für Scheintote, 19. Jhd.; **80** Friedhofslaterne, o. A., © fotolia/christine krahl; **81** A. Auberg: *Auferstehung einer Scheintoten aus dem Grabe im Jahre 1357*, 1604, Foto: bpk; **82** Fotografie: Alter Friedhof, o. J., Foto: © fotolia/drKaczmar; **83 o.** Antoine Joseph Wiertz: *Lebendig begraben*, um 1855; **83 u.r.** Hans Wechtlin: *Eule auf einem Grab*, um 1515 (Detail); **84** Frau mit Trauerkranz an Sonnenuhr – die Zeit heilt alle Wunden, 19. Jhd., Foto: Picture alliance/akg-images Berlin/North Wind Picture Archives; **85** Leichenschmaus, o. A.; **86** Kerzenhalter, o. A., © fotolia/Fica; **87 o.** Benjamin Marc Louis Vautier: *Der Leichenschmaus*, 1866 (Ausschnitt); **87 u.** Bibel, o. A., © fotolia/Natis; **88** Leichenschmaus, o. A., **89** Max Buri: *Nach dem Begräbnis*, 1905; **90** Jules Gouffé: *Die feine Küche: Kalbskopf mit Schildkrötensauce*, 1867; **91** Zierrahmen, o. A.; **92** Rabe, o. A., © fotolia/LHF Graphics; **93** Caspar David Friedrich: *Friedhof im Schnee*, 1826/27; **94 o.l.** Ansichtskarte: *Hamburg – Partie aus dem Ohlsdorfer Friedhof, 2. Kapelle*, 1909; **94 o.r.** Ansichtskarte: *Ohlsdorf, Eingangspforte*, um 1900; **94 u.** Fotografie: Jüdischer Friedhof, Münsingen-Buttenhausen, 2008, Foto: Pixelio/Albrecht E. Arnold; **95 o.r.** Fotografie: Grabinschrift, Jüdischer Friedhof, Wien, 2005, Foto: Pixelio/momosu; **95 u.r.o.** Fotografie: Allee am Zentralfriedhof, Wien, um 1915, Foto: Picture alliance/Imagno; **95 u.r.u.** Fotografie: Arkadengrüfte am Zentralfriedhof, Wien, um 1915, Foto: Picture alliance/Imagno; **96** Fotografie: Grabskulptur, Alter Friedhof, Bonn, 2008, Foto: Pixelio/nero; **97** Jüdischer Friedhof, Berlin-Weißensee, 2008, Foto: Pixelio/Paul Marx; **98** Fotografie: Grabstein, Alter Südfriedhof, München, 2007, Foto: mauritius images/imagebroker; **99 o.** herbstlicher Zweig, o. A., © fotolia / Ramona Kaulitzki; **99 u.** Fotografie: Grabstätte der sieben Ehefrauen des Sebastian Stumpfögger, Petersfriedhof, Salzburg, 2011, Foto: Picture alliance / Uwe Gerig; **100** Ansichtskarte: *Katakomben der ersten Christen in Salzburg am Petersfriedhof*, o. J.; **101** Wilhelm Leibl: *Drei Frauen in der Kirche*, 1878–1881; **102** Caspar David Friedrich: *Abtei im Eichwald*, 1809 / 10; **103 o.** Michael Wolgemut: *Totentanz*, 1493; **103 u.** Schalmei spielendes Skelett, o. A., © fotolia / Kirill Semenov; **104** Anton Wortmann: *Ausführliche Beschreibung und Abbildung des Todtentanzes in der St.-Marien-Kirche zu Lübeck*, 1842 (Ausschnitte); **105** Hans Baldung, genannt Grien: *Tod und Frau*, 1518–1520; **106** Foto: © fotolia / Michael Gray; **107** *Wie man einen Geist fotografiert*, um 1895, Foto: Picture alliance / Mary Evans Picture Library; **108 o.** Fotografie: Grabstein für Clever, 1786, Friedhof Marienkirche, Gelnhausen, o. J.; **108 u.** Ansichtskarte: *Am Elterngrab*, 1904; **109** Miles Birkett Foster: *Ansicht eines Kirchhofs*, 1861, Foto: Bridgeman Art Library / Look and Learn; **110 o.** *Das Leben der Heiligen Gottes: Gemeinschaft der Heiligen*, 1883; **110 u.** Hans Baluschek: *Totensonntag*, 1898 (Ausschnitt); **111** © fotolia / Andrey Khritin; **112** Fotografie: Grabskulptur, o. A., Foto: Pixelio / Axel Hoffmann; **113** Franz Skarbina: *Allerseelentag (Hedwigskirchhof)*, 1896 (Ausschnitt); **114 o.** Fotografie: Gebeine im Karner, Halstatt, Salzkammergut, Oberösterreich, 1997, Foto: Picture alliance / akg-images Berlin / Rainer Hackenberg; **114 u.** Hans Wechtlin: *Eule auf einem Grab*, um 1515 (Detail); **115** Johanna Beckmann: *Aschenputtel*, 1917, Foto: Picture alliance / akg-images Berlin; **116** Johann Georg Sturm: *Deutschlands Flora in Abbildungen: Zimbelkraut* (Antirrhinum cymbalaria), 1796; **117 o.r.** Carlos Riefel: *Serie Gartenblumen: Malve* (Althaea rosea), o. J. (Ausschnitt); **117 M.r.** Carl Blechen: *Mönch im Walde vor einem Grabkreuz sitzend*, 1834 (Ausschnitt); **118** Friedrich Oltmanns: *Pflanzenleben des Schwarzwaldes: Brauner Strichfarn* (Asplenum trichomanes), *Mauerraute* (Asplenum ruta-muraria), *Nordischer Strichfarn* (Asplenum septentrionale), 1927; **119** Paul Müller-Kaempff: *Alter Schifferfriedhof*, 1893 (Ausschnitt); **120** Fotografie: Familiengrab Otto Moritz Bonne und Georg Wilhelm Reye, Friedhof Hamburg-Ohlsdorf, 2009, Foto: Pixelio / Gerhard Hermes; **121** Fotografie: Portalbogen mit Aufseherhäuschen, Friedhof Dessau, vor 1940, Foto: Bildarchiv Foto Marburg; **122** Fotografie: Südfriedhof, Kiel, 1997, Foto: imago / blickwinkel; **123** Ernst Ludwig Kirchner: *Waldfriedhof*, 1933; **124** Ludwig Richter: *Die Kirche St. Annen zu Graupen in Böhmen*, 1836 (Ausschnitt); **125 o.** Ansichtskarte: *Kursächsischer Postillion bläst zur Abfahrt, um 1780* (Detail); **125 u.** Ludwig Richter: *Heimweh*, 1858–1861; **126–127 o.** Fotografie: Krokusblüte, Alter Friedhof, Flensburg, 2009, Foto: Pixelio / Susanne Beeck; **129 o.** Fotografie: Grabkreuz Johanna Vogelsang, Museumsfriedhof Kramsach, Tirol, Foto: Pixelio / Wilfried H. Probst; **129 u.** Walter Hood Fitch: *Trompetenlilie* (Lilium wallichianum), 1880; **130 o.** Lovis Corinth: *Fischerfriedhof auf Nidden*, 1893; **130 u.** Rose, o. A., © fotolia / shlapak_liliya; **131** Fotografie: Grabskulptur, Melatenfriedhof, Köln, 2008, Foto: Pixelio / nero; **132** Foto: © Jule Baumeister; **133 M.r.** Fotografie: Städtischer Friedhof Amras, Innsbruck, Österreich, 2008, Foto: Pixelio / Thommy Weiss; **133 u.** *Rosmarin* (Rosmarinus officinalis), 1880–1883; **134 o.** Vase, o. A.; **134 u.** Fotografie: Grabskulptur, o. A., 2008, Foto: Pixelio / Michael Ottersbach; **135 o.** Prof. Dr. Otto Wilhelm Thomé*: Flora von Deutschland, Österreich und der Schweiz: Efeu* (Hedera helix), 1885–1905; **135 u.** Prof. Dr. Otto Wilhelm Thomé*: Flora von Deutschland, Österreich und der Schweiz: Rosmarin* (Rosmarinus officinalis), 1885–1905; **136** Fotografie: Bergfriedhof, o. A., 2007, Foto: Pixelio / willy s; **137 o.** *Arzneipflanzen-Kartei Dr. Willmar Schwabe: Ringelblume* (Calendula officinalis), Mitte 20. Jhd.; **137 u.** *Trauerweide*, um 1890, Foto: Picture alliance / Mary Evans Picture Library; **138** Fotografie: Grabkreuz, o. A., 2009, Foto: Pixelio / Maria Lanznaster; **139 o.** Ernst Haeckel: *Kunstformen der Natur: Braunes Langohr* (Plecotus auritus), 1904; **139 u.** Foto: © Jule Baumeister; **140** Caspar David Friedrich: *Eule in gotischem Fenster (Uhu im Burgfenster)*, 1836 (Ausschnitt); **141 o.** Foto: © Jule Baumeister; **141 u.** Ameisen, o. A., © fotolia / Alexander Potapov; **142** Franz von Lenbach: *Dörflicher Friedhofseingang*, um 1854, Foto: Picture alliance / akg-images Berlin; **143** *Meyers Großes Konversations-Lexikon: Birnen (System Lucas): Wildling von Einsiedel, Muskateller, Juli-Dechantbirne*, 1905; **144** *Meyers Großes Konversations-Lexikon: Birnenblüten*, 1905; **145** Charles Rossiter: *Kinder auf einem Kirchhof*, spätes 19. Jhd., Foto: Bridgeman Art Library / The Maas Gallery, London; **146** Gartenwerkzeuge, o. A., © fotolia / canicula; **147** Christian Friedrich nach Caspar David Friedrich: *Schlafender Knabe auf einem Grabhügel*, um 1801; **148** Johann Wilhelm Schirmer: *Unter den dunklen Linden*, um 1860 (Ausschnitt), Foto: Picture alliance / akg-images Berlin; **149** Konrad Gustav Süs: *Schäferidylle*, 1860 (Ausschnitt), Foto: bpk; **150** Waldemar Flaig: *Friedhof mit Kapelle*, 1920 (Ausschnitt); **151** Caspar Johann Scheuren: *Golzheimer Friedhof*, um 1839 (Ausschnitt)

INHALT

IRIS SCHÜRMANN-MOCK, geboren 1947 in Duisburg, war Redakteurin bei verschiedenen Zeitungen und Zeitschriften und ist Autorin zahlreicher Bücher. Bei Gerstenberg veröffentlichte sie *Mythische Orte*, *Mein Herz tanzte mit ihr durch das Land*, *Weihnachtszeit. Ein Lesespaziergang durch den Advent* und *O schöner, grüner Wald. Ein Lesespaziergang*. Heute lebt sie als freiberufliche Autorin in Bornheim bei Bonn.

Schreibweisen und Zeichensetzung der Texte entsprechen weitgehend der Textform in den zitierten Quellen. Der besseren Lesbarkeit willen wurden sie teilweise behutsam den heute gültigen Regeln angepasst.

Typografie, Gestaltung und Einbandgestaltung: Magdalene Krumbeck, Wuppertal
Druck und Bindung: TBB, a.s., Banská Bystrica
Printed in the Slovak Republic
ISBN 978-3-8369-2695-9

www.gerstenberg-verlag.de

Ein weiterer von Iris Schürmann-Mock herausgegebener *Lesespaziergang*:

ISBN 978-3-8369-2638-6